FRANCIS PONGE

Collection Monographique Rodopi
en
Littérature Française Contemporaine
sous la direction de Michaël Bishop

XXXIX

Amsterdam - New York, NY 2004

FRANCIS PONGE

Lectures et Méthodes

Tineke Kingma-Eijgendaal
et
Paul J. Smith

Le papier sur lequel le présent ouvrage est imprimé remplit les prescriptions de "ISO 9706:1994, Information et documentation - Papier pour documents - Prescriptions pour la permanence".

The paper on which this book is printed meets the requirements of "ISO 9706:1994, Information and documentation - Paper for documents - Requirements for permanence".

ISBN: 90-420-1178-5
©Editions Rodopi B.V., Amsterdam - New York, NY 2004
Printed in The Netherlands

Préface du directeur de la Collection

La Collection Monographique Rodopi en Littérature Française Contemporaine vise à offrir une série d'études critiques, concises et cependant à la fois élégantes et fondamentales, consacrée aux écrivain/e/s français/es d'aujourd'hui dont l'oeuvre témoigne d'une richesse imaginaire et d'une vérité profonde. La plupart des études, choisissant d'habitude d'embrasser la pleine gamme d'une oeuvre donnée, s'orienteront vers des auteur/e/s dont l'écriture semble exiger tout de suite le geste analytique et synthétique, que, je l'espère du moins, la Collection accomplira.

Si la parution dans la Bibliothèque de la Pléiade des *Œuvres complètes* de Francis Ponge constitue un événement majeur, celle du *Parti pris des choses* (1942), de *La Rage de l'expression* (1952), de *Pour un Malherbe* (1965) ou de *La Fabrique du pré* (1971) nous avait déjà révélé, progressivement, un écrivain à la fois puissamment original, contestataire, certes, mais également capable de fonder une poétique et une pratique hyperconscientes de leurs nouvelles spécificités tensionnelles. La lecture que nous proposent Tineke Kingma-Eijgendaal et Paul Smith, tout en puisant dans les ressources de la critique pongienne, abondante et souvent subtile, choisit de creuser plus particulièrement la pertinence d'une méthodologie très diversifiée mais où domine la microlecture orientée par des réflexions sur le paradoxe, la métaphore, l'iconicité, l'isotopie, la rhétorique. C'est ainsi que, dans cette étude élégamment compactée, analyse textuelle et conceptualisation théorique retrouvent cet harmonieux équilibre qui permet de pénétrer au cœur de l'objeu pongien dans ses rapports jubilatoires à ce qui est.

Michaël Bishop
Nouvelle-Écosse, Canada
Juin 2003

Abréviations

Pour nos références aux oeuvres de Ponge, nous avons utilisé les abréviations suivantes. Sauf indication contraire, notre édition de référence est: Francis Ponge, *Oeuvres complètes*, éd. Bernard Beugnot [...], Paris, Gallimard (Bibliothèque de la Pléiade), tome I, 1999. Nous abrégeons *Pl*; cette abréviation est suivie des pages de référence. Notre référence au poème *La Mousse*, par exemple, prend donc la forme suivante: "*PPC/Pl* 28–29".

Cerisy: *Ponge inventeur et classique. Colloque de Cerisy*, Paris, Union générale d'éditions (coll. 10/18), 1977.
DPE: *Douze petits écrits*, dans *Pl* 3–11.
Entretiens: *Entretiens de Francis Ponge avec Philippe Sollers*, Paris, Gallimard–Seuil, 1970.
FP: *La Fabrique du Pré*, Genève, Skira, 1971.
MAL: *Pour un Malherbe*, Paris, Gallimard, 1965.
MCM: *My creative method*, dans *Méthodes*, dans *Pl* 515–537.
NNR: *Nouveau nouveau recueil*, éd. Jean Thibaudeau, Paris, Gallimard, 3 tomes, 1992.
P: *Pièces*, dans *Pl* 693–809.
PPC: *Le Parti pris des choses*, dans *Pl* 13–56.
PR: *Proêmes*, dans *Pl* 163–231.

Chapitre 1. Introduction

Depuis les années 1960–1970, l'âge d'or du structuralisme en linguistique et en poétique, la critique pongienne ne s'est pas tarie, quoiqu'elle ait pris d'autres directions. Elle s'est lentement détournée de l'approche essentiellement textuelle de l'oeuvre. En effet, ces vingt dernières années ont vu paraître un grand nombre d'études synthétiques sur Francis Ponge, qui mettent en lumière l'homme tout autant que l'oeuvre, et leurs rapports fascinants. On comprend mieux maintenant comment l'évolution de l'écriture pongienne a suivi les choix politiques que le poète s'est imposés (on pense notamment à son revirement du communisme au gaullisme). Cela vaut aussi pour l'influence profonde exercée sur Ponge par la critique littéraire, qui, depuis les années quarante (Georges Mounin, Albert Camus, Jean-Paul Sartre, pour ne citer que les noms les plus importants), n'a cessé de l'accaparer, la critique sartrienne tout autant que le telquelisme de Philippe Sollers et le déconstructivisme de Jacques Derrida. Actuellement, de façon posthume, si l'on ose dire, c'est la critique génétique qui l'a annexé, et qui voit en lui non seulement un objet inépuisable (à cause du grand nombre de brouillons et de versions manuscrites qu'il a laissées), mais aussi un précurseur de la plus haute importance, dont la réflexion métadiscursive semble annoncer les préoccupations des généticiens. En ce moment même, nous vivons un événement majeur dans la critique pongienne: la parution de ses oeuvres dans la prestigieuse Bibliothèque de la Pléiade, dont le premier tome (des deux tomes prévus) vient de paraître. Le grand mérite de cette panthéonisation en Pléiade, c'est que celle-ci n'implique pas une pétrification éternelle de l'écriture, comme c'est bien le cas de certains autres auteurs modernes parus récemment dans cette collection. Une telle fixation serait contraire aux principes mêmes de l'écriture pongienne. L'édition de la Pléiade réussit à marier heureusement la nouvelle approche génétique et la philologie traditionnelle. Le chercheur y trouve non seulement tous les textes de Ponge, mais aussi un choix substantiel et raisonné des variantes (ou plus exactement états de texte antérieurs), ainsi que tous les éléments biographiques, pour autant qu'ils importent à la compréhension des textes. Cette édition a en plus la générosité de guider le lecteur dans l'ensemble labyrinthique des innombrables études que la poésie pongienne a suscitées au cours des années.[1]

Cependant, après l'édition de la Pléiade, et après les oeuvres de synthèse qui l'ont précédée, la critique pongienne est loin d'avoir dit son dernier mot. Aussi espère-t-on que la présente étude, par le but qu'elle se propose et la direction choisie, réussira à combler quelques lacunes. Nous avons l'intention d'analyser quelques aspects essentiels de l'oeuvre pongienne à l'aide de certains concepts théoriques importants. L'efficacité de ces concepts sera illustrée par des analyses approfondies de textes judicieusement choisis pour leur caractère exemplaire. C'est ainsi que nous relions la réflexion théorique à l'analyse minutieuse de quelques textes entiers, ce qui est une approche plutôt rare dans la critique pongienne.

En effet, d'un côté on constate qu'il y a relativement peu d'analyses textuelles et s'il y en a, elles se font assez souvent à propos des mêmes poèmes, qu'elles citent d'ailleurs de façon plutôt fragmentaire; de plus, dans ces analyses l'approche méthodologique fait défaut. De l'autre côté, dans les ouvrages d'orientation méthodologique l'oeuvre de Ponge ne constitue pas le principal centre d'intérêt; celle-ci sert plutôt à illustrer les réflexions théoriques et les auteurs de ces ouvrages ne s'adonnent guère à la microlecture de la poésie pongienne. En outre, ces ouvrages ont tendance à faire prévaloir une approche méthodologique particulière au détriment des autres. Nous, au contraire, nous avons franchement opté pour un éclectisme méthodologique, afin de mieux mettre en lumière ce que nous croyons essentiel à l'écriture pongienne.

Esquissons donc le trajet que nous proposons au lecteur. Le chapitre 2 situe l'oeuvre de Ponge dans la tradition de la rhétorique classique. C'est notamment l'éloge paradoxal, sous-genre de la rhétorique épidictique ou démonstrative, qui fera le sujet de ce chapitre. La rhétorique paradoxale ne paraît pas seulement fournir à la poésie pongienne sa thématique ("things without honor"), sa structure et un style (selon les trois parties de la rhétorique: *inventio*, *dispositio*, *elocutio*), mais elle nous fait aussi

---

[1] A ce titre, l'édition de la Pléiade offre une très utile sélection de la littérature critique. On trouve une bibliographie critique exhaustive dans Bernard Beugnot, Jacinthe Martel, Bernard Veck, *Francis Ponge*, Paris [...], Memini (Bibliographie des écrivains français), 1999.

entrevoir un intertexte insoupçonné, qui inclut les orateurs antiques (Cicéron, Quintilien) ainsi que les grands auteurs anti-rhétoriques, comme Montaigne. Dans cette perspective, on analysera en profondeur *Pas de corvée*, et on abordera *Le Papillon*, dont le chapitre 4 offrira une microlecture plus poussée.

Un phénomène souvent constaté dans la poésie de Ponge, à savoir la plurivalence de ses textes, a donné lieu au chapitre 3, consacré à la polysémie et à l'isotopie. Les poèmes de Ponge peuvent être considérés comme des textes essentiellement poly-isotopiques. La rupture de telle isotopie individuelle peut se manifester tantôt par une allotopie culturelle et/ou intertextuelle apparemment aliénante (*La Grenouille*), tantôt par l'exploitation de l'homonymie, de l'homophonie ou de la polysémie virtuelle de la langue (*Les Poêles*). Il en résulte toujours un jeu textuel qui vise à dérouter le lecteur, à attirer son attention sur les "déviations" voulues, pleinement justifiées, et absolument nécessaires au sens du texte, un texte dont la réévaluation continuera à se faire.

Notre chapitre 4 traite du conflit entre l'imagination et l'effet de réel dans cette poésie qualifiée trop facilement de "réaliste". A ce sujet sera analysé l'effet de la métaphorisation dans *Le Papillon* et dans *La Mousse*. Dans nombre de textes de Ponge, la métaphore constitue "le terme connecteur" (Greimas), qui non seulement rompt l'isotopie primaire, mais qui amorce en même temps une deuxième ou même une troisième isotopie. L'interaction de plusieurs isotopies métaphoriques oblige d'un côté le lecteur à retourner au réel et à retrouver la sensation des choses, et de l'autre côté elle lui propose un conflit sémantique, dont la solution exige une lecture attentive à toutes sortes de connotations du jeu textuel pongien. De plus, ce jeu textuel présente constamment des oppositions (affaiblies), des qualités (dépréciées) et des valeurs (contestées). Enfin, l'enchevêtrement de certaines isotopies métaphoriques constitue chez Ponge une constante autoréférentielle, désignant la prolifération et la complexité scripturales.

L'importance des concepts de "surdétermination" et d'"anagramme", introduits par certains critiques (Riffaterre, Sollers, Gleize) sera illustrée dans le chapitre 5 par une analyse approfondie d'*Eclaircie en hiver*. Grâce à ces concepts, il s'avère possible de rendre compte de l'apparition de mots dont la motivation se fait par des rapports intralinguistiques: tel mot en engendre d'autres, par ressemblance sonore ou sémantique, par une polysémie inhérente au langage, par le jeu de la double isotopie mettant en relief le processus même de la signification. Le jeu textuel se doublera alors – comme c'est toujours le cas chez Ponge – d'un jeu référentiel.

Dans le chapitre 6, la valeur "mimologique" de l'oeuvre de Ponge, souvent soulignée par la critique, sera examinée dans le cadre sémiotique de l'iconicité peircienne; en conséquence, le champ linguistique s'élargit en champ sémiotique. L'effet générateur de la langue, ainsi que la ressemblance du texte et du sujet décrit seront analysés minutieusement dans *L'Ardoise*. Le concept même de ressemblance, rappelant la fonction poétique jakobsonienne, attire paradoxalement l'attention sur la disparité entre langue et réalité. L'iconicité, tout en accentuant le matérialisme mimologique du mouvement du texte pongien, réintroduit ainsi la question de la poésie soi-disant réaliste de Ponge.

Que notre parcours soit essentiellement cumulatif du point de vue théorique se constate déjà dans le parcours indiqué ci-dessus. Cette gradation cumulative sera nettement visible dans le chapitre 7, où tous les concepts traités (rhétorique, métaphore, isotopie, surdétermination, iconicité) seront appliqués dans une microlecture interprétative des dix parties constitutives du poème *Le Pré*. En même temps seront précisés le statut et l'actualité de *La Fabrique du Pré*, un des derniers textes de Ponge, écrit dans les années soixante-dix, en pleine période Tel Quel.

La présente étude a donc été conçue comme une unité cohérente, qui est le fruit d'un travail de coopération de longue haleine. En effet, il y a longtemps (depuis le recueil collectif *Lectures de René Char*, que nous avons édité chez Rodopi en 1990), que nous avons eu l'idée de publier ensemble un livre sur Ponge. La répartition des tâches a été la suivante: le chapitre 2 est écrit par Paul Smith, les chapitres 3, 4, 5 et 6 sont de la main de Tineke Kingma-Eijgendaal, alors que les chapitres 1, 7 et 8 ont été écrits par nous deux. Pendant la durée du projet, nous nous sommes mutuellement commentés, corrigés et critiqués, au grand profit de l'ensemble. Entre-temps, et même avant notre projet collectif, plusieurs chapitres ou parties de chapitres ont été publiés ailleurs, dans des versions antérieures, parfois en néerlandais dans des publications difficilement accessibles hors des Pays-Bas. Le lecteur trouvera les titres de ces publications cités dans les notes. Afin d'assurer la cohérence de notre livre, nous n'avons pas seulement pris la peine de revoir, remanier et réécrire ce que nous avons déjà publié, et d'actualiser notre méthode en tenant compte de la critique pongienne la plus récente, mais aussi d'ajouter plusieurs nouvelles analyses.

Nous tenons à remercier plus spécialement les Editions Rodopi et les Editions Klostermann de nous avoir permis de reprendre certains textes publiés. Que Michael Bishop, le rédacteur de la Collection Monographique Rodopi en Littérature Francaise Contemporaine, soit remercié ici de sa patience, de son intérêt soutenu et de ses encouragements manifestés au cours des années. Madeleine van Strien-Chardonneau et Véronique van Gelderen nous ont beaucoup obligés, Madeleine en nous faisant bénéficier de sa sensibilité stylistique, et Véronique en nous faisant profiter de son savoir-faire en matière de traitement de texte.

Chapitre 2. Ponge épidictique et paradoxal

> Qui est assez fort pour oser être d'avant-garde et
> amoureux des anciens? (*MAL* 23)

1. Questions de rhétorique[*]

La nature révolutionnaire de son écriture à effet de "bombe" (selon le terme de Francis Ponge lui-même), sa "rhétorique nouvelle", élaborée dans le sillage d'un Rimbaud et d'un Lautréamont, risquent de faire oublier que cette modernité plonge ses racines dans la "rhétorique ancienne".[1] Ce n'est que tout récemment que la critique pongienne commence véritablement à s'en rendre compte. Ainsi, Bernard Beugnot[2] retrace les origines antiques et classiques de la poétique pongienne (non sans insister sur l'impact proprement rhétorique), et Serge Martin[3] définit sommairement dans ses "éclairages" encadrés qui accompagnent son étude quelques notions rhétoriques importantes pour l'oeuvre de Ponge: l'exorde, la description (qui "s'appuie sur la pratique de l'*Ekphrasis* ou de la *descriptio*" (p. 36)), la définition (Martin mentionne "Cicéron mais surtout Quintilien que Ponge connaît très bien" (p. 37)). C'est sur ces pistes, succinctement indiquées par les critiques, que nous aimerions continuer en explorant plus à fond la nature proprement rhétorique de la poésie de Ponge.

---

[*] Cette partie du chapitre 2 a été publiée originellement dans Franc Schuerewegen (éd.), *Francis Ponge*, Amsterdam-Atlanta, Rodopi, 1996 (= CRIN 32), pp. 35–46.
[1] Sur l'image de la "bombe", l'importance de Rimbaud et de Lautréamont et la nouvelle rhétorique, "arrachée à sa famille ancienne, à la rhétorique ancienne", cf. *Entretiens* 68–96.
[2] Bernard Beugnot, *Poétique de Francis Ponge. Le palais diaphane*, Paris, P.U.F, 1990.
[3] Serge Martin, *Francis Ponge*, Paris, Bertrand-Lacoste, 1994.

Pour ce faire, il convient de remonter aux principes mêmes de la rhétorique ancienne. Parmi les trois genres de la rhétorique, le *judiciaire*, le *délibératif* et le *démonstratif* (ou *épidictique*), c'est surtout le dernier qui se prête le plus facilement à la pratique littéraire (on pense aux genres poétiques traditionnels de l'éloge: l'ode, l'hymne, etc.), quoique le genre délibératif laisse également ses traces dans la poésie, comme nous allons le voir pour celle de Ponge. Rappelons que pour le délibératif, l'intention de l'orateur consiste à *persuader* le public, son but est l'*utilité*, et les passions suscitées sont la *crainte* ou l'*espérance*, alors que pour l'épidictique, l'intention est de *louer* (ou de blâmer), le but poursuivi est l'*honnêteté*, et la passion suscitée est le *plaisir*. On distingue généralement quatre classes d'objets d'éloge: les dieux, les hommes, les autres êtres animés (animaux et plantes) et les objets inanimés (voir par exemple Quintilien, *Institution oratoire*, 3,7,6). Depuis Ménandre le Rhéteur (IIIe siècle après J.-C.), on fait la distinction entre quatre sortes d'éloges, que nous présentons ici selon la classification récente de Laurent Pernot (p. 537):[4]

> 1. *endoxon*: éloge portant sur des biens reconnus, comme un dieu ou quelque autre objet manifestement bon;
> 2. *adoxon*: éloge portant sur des *daimones* ou sur un objet manifestement mauvais;
> 3. *amphidoxon*: mélange d'*endoxon* et d'*adoxon*, portant sur un objet qui est louable par certains côtés et blâmable par d'autres;
> 4. *paradoxon*: "éloge d'un objet que nul ne songe à louer, parce qu'il ne le mérite pas", par ex. Alcidamas, *Eloge de la mort*; Protée, *Eloge de la pauvreté*.

La définition du *paradoxon* est empruntée à la Préface de Fronton dans son *Eloge de la fumée et de la poussière*. Pernot (p. 541) précise: "La règle d'or est que ce paradoxe doit être humoristique. L'oeuvre est un jeu, un badinage".

Cette définition du *paradoxon* s'accorde avec celle que donne le *Handbuch der literarischen Rhetorik* de Heinrich Lausberg.[5] Celui-ci formule ainsi la distinction problématique entre *adoxon* ("Lob ernstiger Übel") et *paradoxon* ("spielerische Lob nichtlobenswerter Gegenstände"): "Der Unterschied zwischen dem *adoxon* und dem *paradoxon* liegt

---

[4] Laurent Pernot, *La rhétorique de l'éloge dans le monde gréco-romain*, Paris, Institut d'Etudes Augustiniennes, 1993.
[5] Heinrich Lausberg, *Handbuch der literarischen Rhetorik*, Munich, Max Hueber Verlag, 1960.

darin, daß das *adoxon* moralische Übel betrifft, die kein Spiel vertragen, während das *paradoxon* Gegenstände betrifft, die eine gewisse spielerische Behandlung gestatten"(241).[6]

Toutes ces définitions nous permettent de mieux cerner la nature des différents recueils de Ponge, qui est essentiellement épidictique. Selon le mot de Beugnot (p. 51), "il y a toujours eu chez lui un poète de la célébration". Ainsi, on constate que les poèmes de *Lyres* sont endoxaux, surtout lorsque ceux-ci portent sur une personne encore vivante ou morte récemment. Voici quelques titres de ce recueil qui explicitent leur contenu encomiastique: *Prose de profundis à la gloire de Claudel, A la gloire d'un ami, Note hâtive à la gloire de Groethuysen*. Le poème *Prose à l'éloge d'Aix* s'insère par son seul titre dans la catégorie classique de l'éloge de ville.

Cependant, en parcourant les autres recueils de Ponge (et plus particulièrement *Le Parti pris des choses* et *Pièces*), on constate vite que son inspiration majeure est de l'ordre de l'éloge paradoxal: nombreux, en effet, sont les objets "que nul ne songe à louer", *things without honor*,[7] qui se caractérisent par leur petitesse, leur manque de rareté, bref leur insignifiance. Conformément à la pratique de l'éloge paradoxal, de tels objets ne se prêtent pas à un traitement sérieux. Comme le souligne Ponge,

> Vraiment, il s'agit d'une entreprise conçue tout à fait à la légère, sans aucune intention profonde et même à vrai dire sans le moindre sérieux (*MCM/Pl* 534).

Il est à noter que plusieurs de ces objets ont bénéficié d'un éloge paradoxal longtemps avant Ponge. Ainsi, sans vouloir inférer que nous avons affaire ici à de véritables *sources* de Ponge, on trouve, parmi les sujets d'éloge de la Seconde Sophistique, le chien (dans *Pièces* le premier texte s'intitule *L'Insignifiant*, le suivant *Le Chien*), certains

---

[6] Nous laissons ouverte la question de savoir si, d'un point de vue historique, l'adoxe est véritablement un genre à part. Pour une critique des interprétations de Lausberg et de Pernot, cf. Marc van der Poel, "*Paradoxon* et *adoxon* chez Ménandre le Rhéteur et chez les humanistes du début du XVIe siècle. A propos du *De incertitudine et vanitate scientiarum* d'Agrippa de Nettesheim", dans Ronald Landheer et Paul J. Smith (éds.), *Le paradoxe en linguistique et en littérature*, Genève, Droz, 1996, pp. 199–220.

[7] A.S. Pease, "Things without Honor", *Classical Philology* 21 (1926), pp. 27–42.

insectes (moustique, mouche, frelon, puce), qui ont leurs pendants dans la petite faune pongienne (mouche,[8] escargot, guêpe, araignée), l'âne et même l'éponge[9] (objet éponyme par excellence dans la poésie pongienne).[10] Le succès de l'*Amphitheatrum sapientiae socraticae jocoseriae*, recueil néolatin d'éloges paradoxaux que Caspar Dornavius publie en 1617, prouve que le genre des *joco-seria*[11] est en vogue à l'époque de Malherbe. Ce recueil rassemble plusieurs éloges d'objets que l'on recontre aussi chez Ponge. Les voici, dans l'ordre du recueil: l'araignée (2x), le moustique (7x), la boue (1x), l'excrément (1x), l'oeuf (2x), l'hirondelle (5x), l'âne (11x), le chien (39x), l'huître (1x). Dans certains cas (l'araignée, la boue), les ressemblances sont remarquables. Une étude plus approfondie devra donner une réponse définitive à la question de savoir si ces ressemblances sont dues au hasard, ou si Ponge, dont le goût de la littérature latine est connu, a réellement lu et imité ces éloges.[12]

Lorsqu'on se tourne vers les éloges paradoxaux français,[13] il convient de signaler plus spécialement l'oeuvre poétique de Rémy Belleau, poète de la Pléiade, brièvement mentionné dans *Pour un Malherbe* (p. 203), et que Ponge, sans doute, a lu, comme le suggère une brève remarque dans *Pour un Malherbe*: "On trouvera au besoin dans mes manuscrits, à cette place, chronologique, les notices d'un grand nombre de poètes depuis Villon jusqu'aux successeurs immédiats de Malherbe" (p. 261).[14] Si pour la thématique de la pierre, qui hante la poésie pongienne, on

---

[8] Cf. *Le sérieux défait*, l'un des premiers textes de Ponge, dont le ton oratoire, quoique perverti, est indéniable: "Mesdames et messieurs: la face des mouches est sérieuse [...]" (DPE/Pl 10).

[9] Il semble peu probable (mais non pas entièrement impossible) que Ponge ait connu ce poème grec, écrit par Mésomédès.

[10] Cf. Jacques Derrida, *Signéponge*, Paris, Seuil, 1988.

[11] Ponge utilise le terme de *joco-seria* comme jeu de mots dans son texte encomiastique sur Giacometti.

[12] Dans une lettre personnelle, Bernard Beugnot nous écrit que, lors de la préparation de l'édition de la Pléiade, il n'a pas trouvé d'indices confirmant notre hypothèse.

[13] Sur le genre de l'éloge paradoxal latin, italien et français, cf. Annette H. Tomarken, *The Smile of Truth. The French Satirical Eulogy and Its Antecedents*, Princeton U.P., 1990. Cf. aussi Patrick Dandrey, *L'Eloge paradoxal de Gorgias à Molière*, Paris, P.U.F., 1997.

[14] Indépendamment de nos recherches, le rapport entre Ponge et Belleau a aussi été signalé par Carsten Feldmann, *Rerum natura: Lukrez, Belleau, Ponge*, Francfort s.M., Lang, 1997 et par François Rigolot, "Poétiques de l'huître: Francis Ponge correcteur de Rémy Belleau?", dans François Rouget et John Stout, *Poétiques de l'objet*, Paris, Champion, 2001, pp. 231–245.

pense surtout au célèbre lapidaire de Belleau, *Les Pierres précieuses*,[15] dans l'optique de l'éloge paradoxal, mieux vaut évoquer les *Petites inventions* du même poète. Ainsi, le style orné et maniéré de *L'Huistre*, qui se traduit, entre autres, par le traitement précieux du lexème *perle*, semble affecter celui de *L'Huître* pongien: les vers "Soudain elle deuient grosse / Dedans sa iumelle fosse / D'vn perleux enfantement"[16] rappellent le dernier paragraphe du poème au titre identique de Ponge, et dont la quasi-agrammaticalité est tout aussi bien teintée de maniérisme: "Parfois très rare une formule perle à leur gosier de nacre, d'où l'on trouve aussitôt à s'orner" (*PPC/Pl* 21). Certaines moralités à tonalité stoïcienne de *La Tortve* se retrouvent dans *Escargots* (*PPC/Pl* 24–27; à remarquer que dans la longue tradition de l'apologue ésopique, tortue et escargot sont quasi interchangeables): "Pourquoy charge-elle sur le dos / L'asseurance de son repos, / En sa petite maisonnette, / En sa petite boytelette? / N'est-ce à fin de nous contenter / En nostre maison, sans tenter / Mille maux que l'heure importune / A pour guidon de la fortune?", et "Le marcher lent de ceste beste, / N'est-ce à fin que l'esprit arreste / La course des affections / De nos bouillantes passions?" *Le Papillon* (*PPC/Pl* 28) de Ponge semble comporter de lointains échos des premiers vers du *Papillon* de Belleau, portant sur la "naissance" du papillon, puis sur son vol erratique, ses couleurs et son "petit mufle elephantin" (tournure aussi bizarrement maniériste que "la guenille atrophiée" de Ponge). Ce poème de Belleau présente par ailleurs trois autres aspects que l'on retrouve chez Ponge: son caractère mimologique (tout comme *Le Papillon* de Ponge, celui de Belleau a un haut degré d'iconicité, l'articulation du signifiant mimant de très près celle du signifié); sa métadiscursivité (la rivalité entre Nature et Peinture implique, comme partout dans l'oeuvre de Belleau, une troisième instance: la Poésie);[17]

---

[15] Selon Beugnot (p. 68), les "représentations fantasmagoriques du poème [...] oscillent [...] entre deux pôles, la pierre et l'eau", affirmation qui fait irrésistiblement penser à l'oxymore thématique que réalise *La Pierre aquatique* de Belleau.

[16] Nos citations de Belleau sont tirées de ses *Oeuvres poétiques*, éd. CH. Marty-Laveaux, Genève, Slatkine Reprints, 1974, 2 tomes.

[17] Cf. Paul J. Smith, "Rémy Belleau et la peinture: aspects du métadiscours poétique de la Pléiade", *Word & Image* 4 (1988), pp. 331–337.

sa nature de "poème-objet"[18] (le papillon devient le poème même pour être offert au destinataire, Ronsard, en échange de trois autres poèmes-objets: une fourmi, une grenouille[19] et un frelon).

L'exemple de Belleau nous apprend que Ponge non seulement trouve un certain nombre de ses sujets dans le répertoire traditionnel de l'éloge paradoxal, mais qu'il a recours aussi à certains de ses procédés. Le procédé le plus visible concerne la nature (par)adoxale de l'objet: l'orateur qui en entreprend la défense ou l'éloge se trouve dans une position difficile. C'est qu'il doit susciter l'intérêt du public pour un sujet qui, à première vue, n'est pas intéressant, étant même indéfendable. Afin de ne pas effrayer d'emblée son public, il se voit obligé d'admettre expressément dans son exorde (ou proème) la trivialité de son sujet, pour ensuite en justifier le choix. Cette double démarche est très visible dans les textes de Ponge. La trivialité est souvent explicitement exprimée, surtout au début du poème; puis le poète procède immédiatement à la justification du choix. C'est ce qui se fait le plus souvent en propositions adversatives ("mais", "pourtant", "toutefois"). Voici quelques exemples, pris dans *Le Parti pris des choses*:

> Ce n'est donc pas un simple crachat, mais une réalité des plus précieuses (*Le Mollusque*, PPC/Pl 24);

> La mer jusqu'à l'approche de ses limites est une chose simple qui se répète flot par flot. Mais les choses les plus simples dans la nature ne s'abordent pas sans y mettre beaucoup de formes, faire beaucoup de façons, les choses les plus épaisses sans subir quelques amenuisements (*Bords de mer*, PPC/Pl 29);

> Un coquillage est une petite chose, mais je peux la démesurer en la replaçant où je la trouve, posée sur l'étendue du sable (*Notes pour un coquillage*, PPC/Pl 38).[20]

On remarque l'ambiguïté humoristique du discours pongien, portant à la fois sur l'objet de louange et sur la pratique épidictique même de l'éloge. C'est aussi le cas de *De l'Eau*:

> Plus bas que moi, toujours plus bas que moi se trouve l'eau [...] Toujours plus bas: telle semble sa devise: le contraire d'excelsior (*PPC/Pl* 31).

---

[18] Cf. Alfred Glauser, *Le poème-symbole: De Scève à Valéry*, Paris, Nizet, 1967.
[19] Remarquons que *La Grenouille* de Ronsard ressemble beaucoup moins à *La Grenouille* (P/Pl 725) de Ponge que ne le font *L'Huistre* et *Le Papillon* de Belleau si on les compare aux poèmes du même titre chez Ponge.
[20] Pour d'autres exemples moins explicites, cf. *Pièces*: *La Barque*, *La Terre*, *L'Abricot*, *La Figue (sèche)*.

La bassesse littérale et physique de l'objet ainsi que sa valeur "basse" d'objet commun trouvent leur reflet dans le style *humile*, propre à la rhétorique (par)adoxale ainsi que dans l'humilité du poète traitant son sujet. Outre la modestie de Belleau qui qualifie humblement ses poèmes de "petites inventions", on pense à un autre auteur proche de Ponge, Montaigne, qui ne cesse de déprécier sa propre écriture (par)adoxale.[21] Ce *topos* de la modestie (feinte) se retrouve non sans humour dans *La Terre*:

> Si parler ainsi de la terre fait de moi un poète mineur, ou terrassier, je veux l'être! Je ne connais pas de plus grand sujet! (*P/Pl* 749).

Un autre argument justificatif consiste en l'affirmation que l'entreprise épidictique est extrêmement difficile. La difficulté qu'éprouve l'encomiaste paradoxal est le plus explicitement rendue dans *Pas de corvées* (*NNR* 22), texte qui mérite qu'on s'y arrête, parce qu'il touche non seulement à la difficulté de l'entreprise (*effort*) et à sa nature essentiellement *paradoxale*, mais aussi au *plaisir* et à la *persuasion*, deux notions fondamentales de la rhétorique (délibérative).[22] Nous analyserons ce texte à la fin du présent chapitre.

Le manuel de Lausberg (§ 271) rappelle, tout en référant à Cicéron et surtout à Quintilien, que la difficulté pour l'orateur qui traite un sujet paradoxal réside surtout dans le *taedium* du public, qu'il convient de surmonter. Dans ce but, l'orateur tient à sa disposition toute une série de moyens auxquels il peut recourir afin de capter l'attention du public. Parmi ces moyens, signalons plus particulièrement la *prosopopée* et la *comparaison*. Pour ce qui concerne la prosopopée, Ponge, tout en reconnaissant son statut rhétorique, la rejette comme étant trop "commode" et "monotone" (*MCM/Pl* 533).

---

[21] Pour la parenté entre Ponge et Montaigne, cf. son *Je lis Montaigne...* Pour les aspects (par)adoxaux des *Essais* de Montaigne, cf. Paul J. Smith, "'J'honnore le plus ceux que j'honnore le moins': paradoxe et discours chez Montaigne", dans Ronald Landheer et Paul J. Smith (éds.), *Le paradoxe en linguistique et en littérature*, Genève, Droz, 1996, pp. 173–197.

[22] Cf. la succincte définition que donne Ponge de la rhétorique: "l'art d'émouvoir ou de convaincre" (*Entretiens* 95).

Quant à la comparaison, cette figure, sous sa forme amplifiée de *sunkrisis*, est une des bases de la rhétorique épidictique. Comme le dit Pernot (p. 691), en citant Pline, "Il n'y a pas de bon éloge sans comparaison". La rhétorique antique distingue quatre formes de comparaison: "comparaison avec un terme supérieur et avec un terme égal, mais aussi avec un terme inférieur et avec un terme opposé" (Pernot, p. 692). Au sujet des deux dernières formes, Pernot (p. 693) résume ce qu'en dit l'auteur anonyme de la *Rhétorique à Alexandre*: "un homme de taille moyenne paraît plus grand si on le compare à un homme de petite taille et [...] un objet paraît tout à fait bon si on le compare à un objet complètement mauvais".

Ponge se rend bien compte de l'importance qu'a la comparaison dans sa pratique d'écriture:

> Les analogies, c'est intéressant, mais moins que les différences. Il faut à travers les analogies, saisir la qualité différentielle (*MCMPl* 536).

En voici quelques exemples qui, par la comparaison "avec un terme égal", explicitent cette qualité différentielle dès l'ouverture du poème:

> L'huître, de la grosseur d'un galet moyen, est d'une apparence plus rugueuse, d'une couleur moins unie [...] (*L'Huître*, *PPCP/Pl* 21);

> La faune bouge, tandis que la flore se déplie à l'oeil (*Faune et flore*, *PPC/Pl* 42).

Escargots offre d'abord l'exemple d'une comparaison "avec un terme opposé"(mais phoniquement apparenté):

> *Au contraire des* escarbilles qui sont les hôtes des cendres chaudes, les escargots aiment la terre humide (*PPC/Pl* 24; c'est nous qui soulignons).

Si cette comparaison n'implique pas encore la dépréciation du comparant, mais seulement sa qualité différentielle, tel n'est pas le cas de la seconde comparaison du poème, faite avec un "terme inférieur", le pourceau:

> Et ne disons pas qu'il ressemble en ceci au pourceau. Non il n'a pas ces petits pieds mesquins, ce trottinement inquiet. Cette nécessité, cette honte de fuir tout d'une pièce. Plus de résistance, et plus de stoïcisme. Plus de méthode, plus de fierté et sans doute moins de goinfrerie, – moins de caprice; laissant cette

nourriture pour se jeter sur une autre, moins d'affolement et de précipitation dans la goinfrerie, moins de peur de laisser perdre quelque chose (*PPC/Pl* 26).

Le jeu avec le procédé de *sunkrisis* s'avère très complexe dans *Notes pour un coquillage*. D'abord, le poète constate qu'"un coquillage est une petite chose". Puis, la comparaison avec un "terme inférieur" fait ressortir la grandeur du coquillage par rapport à un grain de sable; enfin, le coquillage est encore agrandi parce qu'il est comparé avec une série de "termes supérieurs": "un énorme monument, en même temps colossal et précieux, quelque chose comme le temple d'Ankor, Saint-Maclou, ou les Pyramides [...]" (*PPC/Pl* 38).

Un autre moyen dont dispose l'orateur pour susciter l'intérêt du public est l'introduction oblique et périphrastique de l'objet au moyen d'une période (Lausberg § 271: "die oblique und periphrastische Einführung des Gegenstandes in einer Periode"). Ponge considère cette stratégie de l'attaque indirecte comme quelque chose d'essentiel:

> Et voilà une autre façon de tenter la chose: la considérer comme non nommée, non nommable, et la décrire *ex nihilo* si bien qu'on la reconnaisse. Mais qu'on la reconnaisse seulement à la fin: que son nom soit un peu comme le dernier mot du texte et n'apparaisse qu'alors (*MCM/Pl 532*).

Il est à noter qu'il n'y a que relativement peu de poèmes qui mettent ce principe en pratique. L'exemple le plus évident est *La Crevette*, dont la longue phrase d'ouverture introduit l'objet de louange selon la "periphrastische Proömialtechnik" (Lausberg § 265), tout en réfléchissant, de façon ingénieusement humoristique, sur le mode d'énonciation de cette technique:

> Plusieurs qualités ou circonstances font l'un des objets les plus pudiques au monde, et peut-être le plus farouche gibier de contemplation, d'un petit animal qu'il importe sans doute moins de nommer d'abord que d'évoquer avec précaution, de laisser engager de son mouvement propre dans le conduit des circonlocutions, d'atteindre enfin par la parole au point dialectique où le situent sa forme et son milieu, sa condition muette et l'exercice de sa profession juste (*PPC/Pl* 46–47).

On note que ce passage souligne, conformément à la topique épidictique, la petitesse de l'objet et la difficulté d'en parler.

C'est sans doute *La Cigarette* qui réalise le plus ingénieusement ce jeu que joue Ponge avec la pratique traditionnelle de l'éloge paradoxal. Une remarque de Lausberg (§ 598), inspirée par l'*Ars poetica* d'Horace (v. 243: "ex fumo dare lucem"), que Ponge connaît bien, nous met sur la piste: "Die proömiale Periphrase dient also der Verhüllung (*fumus*), erst die *narratio* bringt die Enthüllung (*lux*)". Dans cette perspective, regardons les deux premiers paragraphes de *La Cigarette*, qui présentent, dans deux périodes, d'abord la fumée, où l'objet de louange est *obliquement* posé, puis la lumière, sous une forme plaisamment mitigée:

> Rendons d'abord l'atmosphère à la fois brumeuse et sèche, échevelée, où la cigarette est toujours posée de travers depuis que continûment elle la crée.

> Puis sa personne: une petite torche beaucoup moins lumineuse que parfumée [...] (*PPC/Pl* 19).

On constate que l'ambiguïté, mise en branle par l'impératif "Rendons [...]", joue à plusieurs niveaux: la description de la cigarette (rendre = décrire), l'action de la fumer (rendre = fumer), et la rhétorique épidictique du *ex fumo dare lucem*, qui est à la fois mise en pratique et figurée.

Avant de conclure, récapitulons notre propos. Nous avons constaté que la dette de Ponge envers la rhétorique épidictique se manifeste dans plusieurs domaines: le choix de l'objet de louange; le rôle de la "passion suscitée": le plaisir; les différents procédés de l'exorde de l'éloge paradoxal. Parmi les autres constantes que Ponge a empruntées à la rhétorique antique, il y en a deux qui méritent notre attention spéciale: l'*enargeia* et l'*excercice*. Quant à l'exercice, citons sans autre commentaire Serge Martin (p. 44), qui cite Georges Molinié:

> La définition donnée par Georges Molinié dans son *Dictionnaire de rhétorique* (coll. "Livre de poche", éd. LGF, 1992) peut être lue comme une description des pratiques textuelles pongiennes:
>
>> Les exercices concernent l'une des bases de toute *institution* **oratoire**. [...] l'élaboration du plus grand nombre possible de jeux discursifs par l'exploitation maximale, poussée au plus haut point de diversification et de combinaison, de toutes les ressources de la *variation*, selon les

voies de l'*amplification*, par le maniement alterné des moyens de l'*abondance* et de la *brièveté*. On construit donc des *thèses* à propos du *thème*; on se livre aussi à des *déclamations*, on pratique des *altercations* fictives, comme l'on produit des textes qui obéissent à divers *genres* (par exemple des *apologues*).

Depuis l'Antiquité, les éloges paradoxaux sont souvent considérés comme étant des excercices rhétoriques.[23] En témoigne l'éloge paradoxal le plus connu de tous, l'*Eloge de la Folie* d'Erasme. Lorsqu'Erasme qualifie son éloge, conformément à la topique de la modestie feinte, de *declamatio*, voire de *declamatiuncula*, ces termes connotent l'exercice, comme le souligne Gerardus Listrius (1515), le premier commentateur d'Erasme.[24]

Ce principe d'exercice, réduisant toute pratique d'écriture à l'état de brouillon ou d'"essai" (au sens montaignien du terme), projette l'oeuvre parfaite et achevée vers un horizon inaccessible. Ce principe est essentiel à l'écriture pongienne, qui se place, tout comme les *Essais* de Montaigne, sous le signe de l'"inachèvement perpétuel".

Terminons par la notion d'*enargeia* ou *evidentia*, quoiqu'elle n'appartienne pas strictement à la rhétorique épidictique, mais à la rhétorique tout court. Comme le remarque Perrine Galand-Hallyn, dans son importante étude *Le Reflet des fleurs*,[25] "tous les rhéteurs grecs et latins qui traitent de l'*enargeia* vont résumer cet effet descriptif particulier dans des formules analogues: 'placer devant les yeux', [...] *ante oculos ponere*" (pp. 38–39). Voici, à titre d'exemple, la définition que donne Erasme dans son *De copia rerum ac verborum*:

> [...] L'*enargeia* [...] se traduit par *evidentia* [...]. Nous l'utilisons toutes les fois que, dans le but d'amplifier ou d'orner notre texte, ou de plaire au lecteur, nous n'exposons pas simplement la chose, mais la donnons à voir comme si elle était exprimée en couleurs dans un tableau, de sorte que nous semblons l'avoir

---

[23] Cf. Pernot, *o.c.*, pp. 55 ssq. et Tomarken, *o.c.*, p. 352: Index: "rhetoric: satirical eulogy as training in".
[24] "Apte vocauit declamationem vt intelligas rem exercendi ingenii causa scriptam, ad lusum ac voluptatem" (éd. Clarence H. Miller, dans *Opera omnia*, Amsterdam [...], 1979, t. IV–3, p. 71 (abréviation: *ASD*)).
[25] Perrine Galand-Hallyn, *Le Reflet des fleurs. Description et métalangage poétique d'Homère à la Renaissance*, Genève, Droz, 1994.

peinte plutôt que décrite et que le lecteur semble l'avoir vue plutôt que lue.[26]

La terminologie dans la rhétorique antique est particulièrement confuse, comme le rappelle Galand-Hallyn (p. 39): "cette formulation hyperbolique, ainsi que la multiplication des synonymes plus ou moins appropriés qui vont désigner le phénomène (hypotypose, diatypose, *euidentia*, *illustratio*, *demonstratio*, etc.),[27] montrent bien que l'effet d'*enargeia* [...] échappe partiellement au domaine du rationnel".

Cette confusion se retrouve, lorsqu'on parle de Ponge. Ainsi, selon Beugnot (p. 65), "Ponge [...] ne cherche aucunement par voie d'ekphrasis ou d'hypotypose, à placer l'oeuvre sous les yeux avec des mots, à éveiller une représentation visuelle". Ce jugement mérite d'être nuancé, d'autant plus que le terme "évidence" que Ponge utilise pour indiquer certains effets de sa poésie, s'avère être très proche de l'acception classique du terme. Voici ce qu'en dit Ponge lui-même dans *My Creative Method*, le 30 janvier 1948:

> A quoi se rapporte cette évidence? A une vertu propre de l'expression (du moyen d'expression)? Oui sans doute en un sens, mais en un sens seulement. Elle se rapporte également à une convenance, à un respect, à une adéquation (voilà le plus délicat) de cette expression (par rapport à elle-même absolument parfaite) à la perfection propre de l'objet (ou d'un objet) envisagé (*MCM/Pl* 530).

Le lendemain, le 31 janvier, il développe cette réflexion en proposant la formule célèbre d'"une forme rhétorique par objet": "[Que] la forme même du poème soit en quelque sorte déterminée par son sujet" (*MCM/Pl* 533). Dans ce but, Ponge dit avoir employé, "parfois, certains artifices de l'ordre typographique". Parfois, dit-il, il y a "rapport entre sa forme dirai-je prosodique et le sujet traité". Cette "rhétorique par objet" poursuit donc au fond le même but que l'hypotypose: la description cherche à mimer l'objet, – mimétisme propre à toute *evidentia*, à toute hypotypose depuis Homère, comme l'a démontré Perrine Galand-Hallyn. Cet auteur, après avoir esquissé l'histoire riche et complexe de l'*enargeia* et de l'*ekphrasis*, a raison de classer, dans sa conclusion (p. 573), Ponge et

---

[26] Ed. Betty I. Knott, *ASD* I–6, 1988, p. 202 (notre traduction).
[27] Terence Cave, dans son étude *The Cornucopian Text. Problems of Writing in the French Renaissance*, Oxford, Clarendon Press, 1979, p. 29, ajoute encore d'autres synonymes: mimesis, ekphrasis, *illustratio*, *descriptio*, etc.

les nouveaux romanciers dans la lignée des "praticiens de l'*ekphrasis* antique et leurs successeurs". L'idéal pongien de la représentation directe, voire visuelle de l'objet, ne diffère de la vieille hypotypose que par les moyens employés pour le réaliser: si l'hypotypose classique impose à l'objet décrit une grille préexistante, formée par l'imitation des grands auteurs et les prescriptions des théoriciens, chez Ponge c'est la variation qui compte: "point de règles à cela: puisque justement elles changent (selon chaque sujet)". Alors que l'hypotypose classique s'exhibe bruyamment comme procédé littéraire, le mimétisme pongien se réalise en cachette:

> Tout cela doit rester caché, être très dans le squelette, jamais apparent; ou même parfois dans l'intention, dans la conception, dans le foetus seulement (*MCM/Pl* 533).

Aussi le "plaisir du texte" (pour reprendre le terme que Roland Barthes aurait pu appliquer aussi à l'*objoie* pongienne) est-il pour une grande partie d'ordre herméneutique: il consiste à dévoiler cette rhétorique cachée et ses principes, c'est-à-dire découvrir non seulement son unicité et sa nouveauté, mais aussi sa dette ludique envers la rhétorique ancienne.

2. *Pas de corvées*: une lecture rhétorique

Après avoir fait le tour d'horizon des préoccupations rhétoriques de Ponge, il est temps de présenter l'analyse d'un texte qui peut être considéré comme une poétique *in nuce* de sa pratique de la rhétorique: *Pas de corvées* (*NNR* 2, pp. 22–23). Voici tout d'abord le texte:

> Roanne
> 25–26 novembre 1941.
>
> Pas de corvées
>
> ... Tout autre est le rapport de l'homme à la pomme de terre crue:
> Ce ne sont rapports plaisants ni faciles. Ce sont à vrai dire des rapports d'hostilité. Et certes on peut arriver à aimer la pomme de terre crue, à lui trouver des justifications, mais cela ne sera pas sans quelque effort ni quelque paradoxe.

> Or je n'ai pas ce soir le goût de cet effort, et je ne vois pas pourquoi je l'infligerais – à moi-même comme à mon lecteur...
>
> L'on voit par ce qui précède l'une des tendances de mon esprit. Je ne veux écrire que pour plaire. Je n'estime pas les productions de mon esprit si intéressantes, si exceptionnelles, qu'elles puissent se passer de plaire.
> Or, pour plaire, peut-être n'est-il pas de meilleure recette que de ne parler que de ce qui vous plaît, et de le faire avec ravissement (et aussi avec grand art)?
> Assez d'objets, d'événements, d'hommes ou de femmes, d'actions habituelles ou extraordinaires me sont aimables, ou plaisantes, — que je me croie le devoir de parler de ceux qui ne me plaisent pas, ou me plaisent seulement par persuasion, — et de me fatiguer l'esprit à leur propos.

Contrairement aux textes que nous avons considérés jusqu'ici, celui-ci ne présente pas l'éloge d'un objet. Son intérêt est plutôt métapoétique: selon notre interprétation, il traite essentiellement du rôle de la rhétorique dans la création poétique. A l'exemple des grands arts poétiques admirés de Ponge, ceux d'Horace et de Boileau, *Pas de corvées* instruit par l'exemple: la rhétorique en tant que sujet de réflexion influe sur la structure et la présentation du texte, elle lui confère une tonalité indéniablement rhétorique. Pour commencer, regardons de plus près cette présence formelle de la rhétorique. L'ouverture du poème va à l'encontre de ce qui est habituel chez Ponge. Les trois points et la tournure "tout autre" font supposer que le poète reprend sa harangue. La précision de "pomme de terre *crue*" suggère que cet autre sujet pourrait très bien être la pomme de terre *cuite*. Le texte ouvre donc sur la qualité différentielle typique de l'exorde pongien, dont nous avons parlé plus haut.

Ce début *in medias res* n'est pas sans faire songer aux ouvertures traditionnelles du théâtre classique (où le lecteur se voit confronté à des personnages en pleine conversation, – conversation qu'il est censé reconstituer rétrospectivement). Cette impression d'avoir affaire à une pièce classique est encore renforcée par l'accent exclusivement mis sur le plaire. On se rappelle le célèbre mot de Racine: "La principale règle est de plaire et de toucher. Toutes les autres ne sont faites que pour parvenir à cette première".

La tonalité rhétorique se retrouve aussi dans les formules toutes faites qui étayent la structure argumentative de notre texte. Ainsi la formule "Et certes [...] mais" articule, de façon tout à fait conventionnelle, la contre-réfutation,[28] et les "or" répétés marquent la prise de position de l'orateur. Autre précepte de la rhétorique: la modestie feinte, ici humoristiquement présentée: "Je n'estime pas les productions de mon esprit si intéressantes, si exceptionnelles, qu'elles puissent se passer de plaire". On croit déjà entendre Montaigne longtemps avant que Ponge redécouvre les *Essais* dans les années soixante.[29]

Tout cet ensemble de moyens rhétoriques aboutit, dans le dernier alinéa, à une conclusion inattendue, qui nous amène aux aspects proprement métapoétiques du texte. Ceux-ci mettent en cause le principe de base de l'*inventio*. En fait, le poète se voit placé devant un choix essentiel, un véritable choix d'Hercule. Contrairement à ce que l'on attend, après avoir lu les alinéas préparatoires, il ne choisit pas le large chemin de la "facilité", c'est-à-dire écrire sur des choses "aimables et plaisantes" afin de se plaire à lui-même et de plaire au lecteur. En revanche, il finit par opter pour le chemin étroit de la difficulté, de l'"hostilité": il va parler des choses difficiles, exigeant un "effort" intellectuel et créatif de sa part, et sans doute aussi de la part du lecteur. Les termes utilisés ("effort", "hostilité", "corvée", "devoir") sont à mettre en rapport avec la difficulté que ressent tout orateur à parler des choses paradoxales ou adoxales. Rien d'étonnant donc à ce que Ponge utilise le mot de "paradoxe", ce qui prouve qu'il est bien au courant de la tradition de l'éloge paradoxal dans laquelle il s'inscrit. *Pas de corvées*, écrit en 1941, ne formule donc pas seulement le point de départ de l'éloge paradoxal qu'est *La Pomme de terre* (*P/Pl* 733–734), également écrit en 1941. Il est à la base de l'écriture pongienne tout court.

---

[28] Le terme est de Bernard Dupriez, *Gradus. Les procédés littéraires (Dictionnaire)*, Paris, Union Générale d'Editions (coll. 10/18), 1977, p. 392.
[29] Cf. Lionel Caillé, "Ponge: En lisant, en écrivant Montaigne", *Bulletin de la Société des Amis de Montaigne* (1997), VIIe série, nos 5–6, pp. 9–33. Cette redécouverte de Montaigne se fait lors de la "fabrication" du *Pré* (cf. notre chapitre 7).

Chapitre 3. Isotopie et "amphibiguïté"*

1. Remarques préliminaires

Si les notions de polysémie et d'homonymie ont depuis longtemps trouvé leurs définitions dans les dictionnaires, la notion d'isotopie est apparue depuis les années soixante-dix, dans des analyses et théories stylistiques et linguistiques. Les linguistes qui se sont heurtés à la difficulté d'une description sémantique satisfaisante du discours ont vu l'importance de ce concept qui veut rendre compte de la cohérence sémantique d'un message transgressant l'unité de la phrase. Les critiques littéraires ont vu l'avantage d'une notion linguistique définissable et susceptible de rendre compte d'une forme de plurivalence dans les textes littéraires. Le terme "isotopie" est employé et redéfini à plusieurs reprises par A.J. Greimas, et utilisé ensuite par des auteurs tels que Jean-Michel Adam, Michel Arrivé, François Rastier et Mariana Tuţescu.[1] La définition "la plus complète et la plus citée" serait, selon le groupe μ, celle de Greimas: "Ensemble redondant de catégories sémantiques qui rend possible la lecture uniforme du récit, telle qu'elle résulte des lectures partielles des énoncés après résolution de leurs ambiguïtés, cette résolution elle-même étant guidée par la recherche de la lecture unique".[2]

---

* Ce chapitre a été publié aussi dans Paul Bogaards, Johan Rooryck, Paul J. Smith (éds), *Quitte ou double sens. Etudes offertes à Ronald Landheer*, Amsterdam-Atlanta, Rodopi, 2001, pp. 165–175.
[1] Jean-Michel Adam, *Linguistique et discours littéraire*, Paris, Larousse, 1976, chap. II; Michel Arrivé, "Pour une théorie des textes poly-isotopiques", *Langages* 31 (1973), pp. 53–63. Dans A.J. Greimas (éd.), *Essais de sémiotique poétique*, Paris, Larousse, 1972, pp. 80–107, on trouve l'analyse intéressante de François Rastier du poème *Salut* de Mallarmé, dans lequel il relève trois isotopies, analyse reprise par Mariana Tuţescu, cf. le chap.VIII de son livre *Précis de sémantique française*, Paris, Klincksieck, 1975, pp. 90–98.
[2] A.-J. Greimas, "Eléments pour une théorie de l'interprétation du récit mythique", *Communications* 8 (1966), p. 30. Le bilan de toute une discussion à propos des

Le but de ce chapitre étant de démontrer l'utilité de ce concept pour l'analyse littéraire, nous ne répéterons pas la discussion théorique menée par le groupe μ à propos de la définition la plus satisfaisante. Bien que – selon certains auteurs – l'isotopie puisse apparaître à plusieurs niveaux du texte, nous voulons nous limiter aux isotopies sémiologiques. Ce qui est pertinent pour notre analyse, c'est qu'il s'agit – dans la définition donnée par Greimas – de l'interprétation ("lecture") d'un tout fondée sur l'interprétation des parties; cette lecture vise une homogénéité du message qui se manifestera par la redondance de sèmes (appelés "catégories sémantiques" par Greimas). Il importe de constater la présence d'un critère linguistique (redondance de sèmes) pour la lecture d'une homogénéité qui, d'une part, ne se confond nullement avec les anciennes notions de "thème", "sujet" ou "topique"; d'autre part, ce n'est pas simplement une homogénéité du vocabulaire que cette redondance sémique manifeste, mais une homogénéité du message. Par l'introduction de la notion de "lecture", Greimas tient compte de l'activité interprétative, à laquelle la perceptibilité de la redondance sémantique donne un fondement manifeste, ce qui est un avantage – certes – non négligeable. Or, si l'interprétation cherche à rendre manifeste la cohérence plutôt que la confusion du texte, (un processus "d'intégration" qui "lève les ambiguïtés" en réduisant la "polysémie virtuelle" des unités linguistiques), elle se heurtera dans beaucoup de textes à des ruptures isotopiques, des allotopies, qui introduisent d'autres champs sémantiques. C'est encore Greimas qui, – à propos des jeux de mots et des calembours – souligne que: "le plaisir 'spirituel' réside dans la découverte de deux isotopies différentes à l'intérieur d'un récit supposé homogène".[3] En poésie, la rupture de l'isotopie pourra introduire plusieurs autres isotopies susceptibles d'amener une réévaluation du texte, pour laquelle l'identification et "la hiérarchisation" des isotopies donnera une clef importante.[4]

---

diverses approches du concept d'isotopie se trouve dans *Rhétorique de la poésie*, par le groupe μ, Paris, P.U.F., 1977.
[3] A.-J. Greimas, *Sémantique structurale*, Paris, Larousse, 1966, p. 71.
[4] Cf. à ce sujet François Rastier, "Tropes et sémantique linguistique", *Langue Française* 101 (1994). Rastier (p. 98, note 36) fait une distinction entre "dominance (critère qualitatif d'étendue et de densité sémique)" et "hiérarchie (un critère qualitatif d'évaluation)". Parfois il ne s'agit pas d'une seule isotopie hiérarchiquement supérieure mais de complémentarité, ce que Rastier a souligné aussi dans son analyse du sonnet de Mallarmé. Cf. à ce sujet aussi Ronald Landheer et Tineke Kingma-Eijgendaal, "Métaphore, ambiguïté et contexte", *Neophilologus* 65 (1981), pp. 499–517: "En fait,

2. "L'amphibiguïté" de *La Grenouille* [5]

Afin de mieux cerner la structure des textes poétiques de Francis Ponge, il importe de constater que ces poèmes constituent souvent des pseudo-devinettes; le titre évacuant toute ambiguïté, la lecture uniforme semble dictée par ce titre, en fonction duquel toutes les ambiguïtés doivent être résolues. Le titre, généralement assez simple, introduirait ainsi le sujet du discours, dont le poème serait le commentaire connotatif, métaphorique. Evidemment, c'est là simplifier les choses à l'extrême, car le topique du texte n'est pas le sujet du titre, mais celui du poème entier. C'est ainsi que se justifie la remarque bien connue de Ponge que le titre a été donné après coup. Si cette déclaration semble une boutade (car, pour le lecteur, le titre constitue quand-même le point de départ), celle-ci rend parfaitement compte de sa méthode poétique: Ponge veut recréer par son écriture des objets nouveaux, de sorte que rétrospectivement le titre représente le sens du texte.[6] Dans sa réflexion, les choses deviennent des complexes de plus en plus riches, investis, comme dit Jean Pierrot: "d'une riche matière psychologique et affective".[7] A cela s'ajoute le travail linguistique, la volonté de créer une langue motivée en fonction de l'objet. Par la recherche étymologique, les jeux de langage, l'exploitation de la polysémie, de l'homonymie et de l'homophonie, ainsi que par l'invention de mots-valise significatifs, il veut rendre pleinement compte de l'objet choisi, longtemps mûri en lui, un objet dont il ne se sert pas pour étaler son âme personnelle, mais un objet dont il veut connaître l'essence, qu'il veut connaître pour lui-même. Il en résulte une "définition-description" aussi déroutante que juste.

---

il peut y avoir hésitation entre plan isotope variable (choix) ou plan isotope multiple (cumul)" (p. 515).

[5] *P/Pl* 725. Le terme "amphibiguïté" est employé par Ponge lui-même (qui adore les mots-valise); c'est dans *La Fin de l'automne* (du recueil *Le Parti pris des choses*) qu'il se sert de ce terme, ainsi que de "grenouillerie" pour amalgamer les sens ou les connotations de l'automne: saison ambiguë (de transition), humidité aimée par les grenouilles, amas confus de feuilles mortes trempées, etc. (*P/Pl 16*).

[6] Cf. Ponge, *Méthodes*, Pl 532: "Et voilà une autre façon de tenter la chose: [...] qu'on la reconnaisse seulement à la fin: que son nom soit un peu comme le dernier mot du texte et n'apparaisse qu'alors. Ou n'apparaisse que dans le titre (donné après coup)".

[7] Jean Pierrot, *Francis Ponge*, Paris, Corti, 1993, p. 9.

Notre lecture s'occupera d'abord des sèmes redondants pour trouver l'isotopie dominante du texte suivant.

La Grenouille

Lorsque la pluie en courtes aiguillettes rebondit aux prés saturés, une naine amphibie, une Ophélie manchote, grosse à peine comme le poing, jaillit parfois sous les pas du poète et se jette au prochain étang.
Laissons fuir la nerveuse. Elle a de jolies jambes. Tout son corps est ganté de peau imperméable. A peine viande ses muscles longs sont d'une élégance ni chair ni poisson. Mais pour quitter les doigts la vertu du fluide s'allie chez elle aux efforts du vivant. Goitreuse, elle halète... Et ce cœur qui bat gros, ces paupières ridées, cette bouche hagarde m'apitoyent à la lâcher.

Une lecture linéaire du texte rencontre comme premier substantif le terme "pluie". Or, "l'ensemble redondant de catégories sémantiques" – assurant à première vue une lecture uniforme de ce texte – appartient effectivement au paradigme de l'eau, le milieu naturel des grenouilles: *pluie, prés saturés, amphibie, étang, imperméable, poisson, fluide*. Ce qui est remarquable, c'est que la grenouille n'est désignée dans le texte que par des références indirectes et surprenantes: *une naine amphibie* et *une Ophélie manchote*. Si la première désignation s'explique assez facilement comme une métaphore fondée sur la petite taille et le double milieu (de la terre et de l'eau) de cet animal, la deuxième vient compliquer l'unité du champ sémantique et brouiller la lecture uniforme: un effet de choc sur lequel nous reviendrons.

Une deuxième série de sèmes relie le milieu (liquidité) au sujet (animal) par l'action commune de bondir, de s'élancer, action nommée dès le début: *rebondit, jaillit, se jette, jambes, muscles, fuir, lâcher*. La pluie et l'animal font exactement le même mouvement, car: "[comme] la pluie *rebondit*, la [grenouille] *jaillit*". Si l'union de l'animal et de son premier habitat (le milieu liquide) est ainsi soulignée vigoureusement (la grenouille, d'ailleurs, "se jette dans l'étang" et "jaillit" comme un jet d'eau "sous les pas du poète"), la deuxième vie de cet animal amphibie apparaît, notamment, quand la "vertu du fluide" est dit "s'allie[r] aux efforts du vivant". Le pouvoir du liquide qui glisse, relié à celui de l'haleine qui aspire, aide l'animal à s'échapper, à rebondir. Milieu, animal amphibie et saut pour s'élancer, tout cela est renforcé par le jeu des équivalences syntagmatiques, sonores, métriques et sémantiques dans: *vertu du fluide // efforts du vivant* (vèr.u.uf.i.//èf.r.uviv.) ainsi que sonores et sémantiques dans: *la pluie en aiguillettes rebondit // naine amphibie jaillit* (i, ã,) et l'allitération dans: *jaillit, (se) jette, jolies, jambes.* L'effort du poète pour saisir cet animal apparaît dans la série des plosives initiales: *peine, poing, parfois, pas, poète.* Pourrait-on voir aussi dans la nasale ã figurant dans: *étang, jambes, ganté, viande, élégance, vivant,* une résonance significative de ce petit diable qui nous échappe par un saut dans l'étang? Jakobson pourrait nous démontrer un autre "affreux Alfred", en insistant sur la paronomase de cette créature *nerveuse, goitreuse,* qui (enfin captée) inspire finalement tant de pitié, que sa bouche *hagarde m'apito[ie] à la lâcher,* – expression harcelée par la répétition fréquente du son [a].

Dans le cadre de ces isotopies plus ou moins réalistes de la nature, formées par le milieu et le saut abrupt typiques de l'animal, le nom d'un personnage de Shakespeare peut être considéré comme une allotopie, introduisant une dimension culturelle et intertextuelle qui ne s'intègre pas tout de suite dans le texte.[8] Le nom d'*Ophélie* constitue une rupture, par laquelle la tradition littéraire pénètre dans cette description apparemment réaliste consacrée à un animal bien connu dans la nature. Toutes les connotations inhérentes à ce nom, ainsi que toutes les personnifications littéraires de la grenouille, notamment dans les contes de fées, font ainsi leur entrée. En effet, outre les traits physiques typiques de l'animal – tels que la petite taille, le bondissement, les pattes antérieures plus courtes et moins vigoureuses et la peau glissante, ce sont les traits humains qui s'imposent: la grenouille est assimilée à une jeune fille dont on souligne les *jolies jambes* et *l'élégance.* A première vue, cet éloge nous mène aux antipodes de la tradition des contes de fées qui dénie toute beauté à cet animal. Pourtant cette tradition est confirmée par d'autres expressions; il s'agit d'une Ophélie *manchote,* d'une *naine,* qui *halète* étant *goitreuse,* dont les *paupières [sont] ridées* et la *bouche hagarde;* voilà des termes représentant tous une disgrâce de la nature ou une maladie. Le parallèle reste donc possible; car, si dans les contes de fées la laideur de la grenouille renferme la beauté sous forme de prince caché, dans ce texte une jeune fille-grenouille possédant une certaine élégance est peinte comme un être

---

[8] Cf. le commentaire dans *Pl* 1146: "Contrairement à Ophélie, personnage d'Hamlet, la grenouille échappera à la noyade tout comme à sa saisie par le poète." Le commentaire renvoie aussi à la fable de La Fontaine, *La Grenouille et le Rat,* notamment pour l'expression "A souper chair et poisson". Il faut pourtant remarquer que chez La Fontaine cette expression réfère aux deux animaux (rat et grenouille) mangés finalement par un milan, tandis que Ponge s'en sert de façon originale pour souligner le caractère amphibie de la grenouille.

difforme; il s'agit donc d'un être foncièrement ambivalent, beau et laid, en même temps infirme et plein de vie.

De plus, cet animal de la nature, d'une laideur répulsive enjolivée par la tradition des contes de fées, acquiert ici une dimension tragique par la référence non pas à n'importe quel personnage princier, mais par celle au personnage d'une tragédie, la triste Ophélie qui – dans *Hamlet* – aime à la folie et se jette à l'eau.

Dans ce cadre, le nom même d'Ophélie est loin d'être innocent: un découpage ludique fondé sur l'homophonie nous fournit: *O* = eau, et *phélie* = fée + lie = boue, résidu. Ophélie, c'est la fée de l'eau, mais c'est aussi la fée de la boue. Le jeu homophonique est confirmé par la référence culturelle: la triste Ophélie va à sa perte en se noyant dans l'eau. De plus, une anagrammatisation tout à fait pertinente et conforme à la méthode pongienne pourrait produire un renversement en "et folie", ainsi qu'un rapprochement du mot grec: "philei" = aime, précédé de l'homophone "O" pour "eau". Ophélie: celle qui aime l'eau = celle qui aime à la folie; [Oféli] = [ofile] = [efoli].[9]

Dans ce texte, la grenouille est un mixte, non seulement dans le sens classique: capable de vivre dans l'eau et sur la terre, mais aussi comme animal hybride par l'anthropomorphisation prolongée, par les réactions contraires qu'il provoque, et surtout par la référence intertextuelle qui ajoute une toute autre isotopie à l'isotopie réaliste de cet animal amphibie. Animal et fée, fée de l'eau et de la boue, un être bizarre et magique, appartenant au conte de fée et à la tragédie, c'est une hybridité qui nous attire, repousse et fait pitié. Ni chair, ni poisson, c'est la Belle autant que la Bête, l'incarnation d'une double vie: l'amphibi-guïté même, voilà la grenouille de Ponge se manifestant sur un plan poly-isotopique dont la multiplicité est complémentaire.

3. Isotopie double dans *Les Poêles*[10]

Le lecteur n'aura pas de difficulté à réduire l'homonymie du titre de ce poème. Le pluriel du mot "poêle" renferme trois mots; vu qu'il s'agit ici du mot masculin, deux mots restent possibles. Dès le début, il

---

[9] Notre collègue en linguistique française Johan Rooryck nous signale que *amphibie* et *Ophélie* présentent non seulement une équivalence phonique, morphologique et syllabique, mais aussi une équivalence remarquable au niveau de la structure interne des syllabes (en termes de "attaque", "noyau" et "coda").
[10] *P/Pl* 728.

est évident qu'il s'agit du poêle susceptible de nous réchauffer en hiver. D'emblée est stipulé que l'usage du poêle dépend des conditions climatologiques et la quantité de sa chaleur du degré de froideur qui règne.

Les Poêles

L'animation des poêles est en raison inverse de la clémence du temps.
Mais comment, à ces tours modestes de chaleur, témoigner bien notre reconnaissance?
Nous qui les adorons à l'égal des troncs d'arbres, radiateurs en été d'ombre et fraîcheur humides, nous ne pouvons pourtant les embrasser. Ni trop, même, nous approcher d'eux sans rougir…Tandis qu'eux rougissent de la satisfaction qu'ils nous donnent.
Par tous les petits craquements de la dilatation ils nous avertissent et nous éloignent.
Comme il est bon, alors, d'entr'ouvrir leur porte et de découvrir leur ardeur: puis d'un tison sadique agir au fond du kaléidoscope, changeant du noir au rouge et du feu au gris-tendre les charbons en la braise, et les braises en cendres.
S'ils refroidissent, bientôt un éternuement sonore vous avertit du rhume accouru punir vos torts.
Les rapports de l'homme à son poêle sont bien loin d'être ceux de seigneur à valet.

Le texte ouvre – significativement – par *l'animation des poêles*, phénomène qui dépend par un rapport inverse *de la clémence du temps*; vu le mauvais temps, le feu est donc allumé dans le poêle, ce qui nous remplit d'un sentiment de gratitude et de satisfaction.

Ce qui est pourtant remarquable, c'est que les poêles – tout en restant des objets bien connus (dont on ouvre la porte pour rallumer les braises à l'intérieur) – sont considérés et traités comme s'ils étaient des êtres humains. Nous voulons – dit le texte – leur "témoigner bien notre reconnaissance"; "nous qui les adorons", nous aimerions bien les "embrasser", mais "ils nous avertissent et nous éloignent", tout en "rougiss[ant] de la satisfaction qu'ils nous donnent". Les poêles semblent avoir une volonté, une personnalité.

Après avoir lu tout le poème, on comprend qu'il faut lire le premier mot du texte non seulement dans le sens de "animer par le feu qui y est allumé", mais aussi comme "pourvoir d'une âme, d'une vie", bref, les poêles deviennent animés, se mettent à vivre. Ce tout premier mot constitue le point de départ d'une syllepse prolongée, filée à travers le texte; le poêle reste un objet mais sera anthropomorphisé par une série de termes employés généralement par rapport à un être animé: *témoigner de la reconnaissance, embrasser, ils rougissent de la satisfaction qu'ils nous donnent, ils nous avertissent et nous éloignent, découvrir leur ardeur*. Cette série de termes fera que le lecteur actualisera – en mouvement rétrograde – la polysémie ou la plurivalence d'autres mots.[11]

Ainsi, la métaphore de la deuxième phrase transforme les poêles en *tours modestes de chaleur*; "tours modestes" à cause de la forme ronde du poêle, dont les dimensions sont plus petites (plus "modestes") que dans le cas d'une vraie tour; mais "modestes" prend dans cet énoncé aussi le sens d'un trait de caractère: humble. L'homme éprouve des sentiments (de *reconnaissance,* par exemple) à l'égard de ce foyer de chaleur modeste. Dans la troisième phrase est stipulé que *nous* [...] *les* [= les poêles] *adorons* autant que les *troncs d'arbres, radiateurs en été*, "arbres" auxquels ils sont identifiés par le mot *radiateurs*, soulignant leur fonction mutuelle mais contraire: rayonner la chaleur/le froid. Comme les poêles répandent de la chaleur en hiver, les arbres nous donnent de la fraîcheur en été. De plus, les arbres se rapprochent des poêles par un trait particulier mis en relief ici: non pas leurs feuilles, leurs branches, leur verdure changeant de couleur (c'est-à-dire, non pas tout ce qui souligne le caractère vivant de cette végétation), mais la forme ronde des *troncs* (des *radiateurs*) qui ne bougent guère. Par le rapprochement, l'arbre est devenu un peu moins vivant, mais le poêle un peu plus vivant. Si la forme ronde des arbres invite peut-être à *embrasser*, ce geste n'est pas possible dans le cas du poêle. Pourtant, le désir, humoristiquement, en est souligné; l'homme voudrait tant se rapprocher que son rougissement est le signe de l'émotion ressentie (ou plutôt de la chaleur du poêle?); à son tour, le poêle, brûlant naturellement, *rougi[t] de la satisfaction* qu'il est capable de procurer à l'homme. Par rapport à l'homme, autant que par rapport au poêle, le rougissement est donc ambigu.

C'est ici que la double isotopie se manifeste nettement. Il reste possible de lire le texte comme la description concrète du physique et de l'action du poêle sur l'homme, mais une deuxième lecture s'impose

---

[11] Lecture qui s'impose pour nombre de textes pongiens, par exemple *L'Ardoise*, où la polysémie du mot "ardoise" (pierre feuilletée /matériau simple, tableau de l'écolier supportant humblement l'exercice de l'écriture, ardoise du commerçant comme bilan des dettes à recommencer), donne lieu à une triple isotopie qui sera unifiée dans la lecture: l'écrivain dont la dette envers l'objet le pousse à effacer son écriture et à recommencer à l'infini son travail à partir d'une matière simple. Voir notre chapitre 6.

furtivement, celle d'une sympathie réciproque, voire d'un jeu érotique entre deux partenaires.

La description du poêle, en tant qu'objet utile dont l'homme se sert quand il en a besoin, se transforme en description d'un couple, dont les partenaires ont des rapports d'égalité. La chaleur (physique/psychique) est le lien qui les unit: la chaleur (physique) dépend de l'homme (qui doit alimenter le feu), autant que l'homme dépend de la chaleur (qui est à son service). Réciprocité qui sera facilement transmise au niveau psychique. Le poêle animé devient un partenaire chaleureux et adorable qu'on voudrait embrasser. On serait alors blessé (par l'amour), brûlé (par le feu); le poêle en train de chauffer nous tient donc à distance, faisant de petits bruits pour "nous averti[r]", ce qui est exprimé presque onomatopéiquement par la répétition fréquente des [p] des [r] et des [t]: *par tous les petits craquements*. Or, le partenaire (l'homme) découvre alors – *entr'ouvr[ant] leur porte* – l'ardeur intérieure dont il rallume le feu, parfois avec un certain "sadisme", le feu nécessaire aux rapports réciproques et que *le tison* va attiser: *puis d'un tison sadique agir au fond du kaléidoscope, changeant du noir au rouge et du feu au gris–tendre les charbons en la braise, et les braises en cendres*. Ainsi, dans une phrase anacoluthe, comme soulignant la force et le caractère brusque de cet éternel va-et-vient de la passion, il est question d'un kaléidoscope, d'un beau spectacle: le feu de l'amour brûle d'une flamme rouge la dureté noire des charbons, ou s'éteint presque en braises (ardeur qui reste après la flamme de la passion) pour s'éteindre finalement en cendres d'un gris-tendre doux à toucher, d'où – qui sait – la flamme pourrait renaître.

Si l'homme arrive – par nonchalance – à négliger ce partenaire, le refroidissement du poêle se révélera contagieux et le froid (sous forme de rhume) qui s'ensuit manifestera le tort de l'homme qu'il faut évidemment punir (*S'ils refroidissent, bientôt un éternuement sonore vous avertit du rhume accouru punir vos torts*). Il ne s'agit donc nullement d'un rapport de subordination, ni d'une hiérarchie quelconque; l'homme et son poêle constituent un couple et la nature de leurs rapports est mise en relief explicitement par la morale finale: *Les rapports de l'homme à son poêle sont bien loin d'être ceux de seigneur à valet*.

Rétrospectivement tout le texte a contribué à illustrer cette morale finale si typique de Ponge, le poète de l'objet, qui ne saurait traiter les choses comme des ustensiles qui ne sont là que pour nous servir. C'est surtout la redondance de sèmes accusant l'ambiance chaleureuse qui se dégage des rapports personnels entre l'homme et son poêle qui est responsable de la deuxième isotopie: le jeu des rapports réciproques teintés d'érotisme. L'action d'allumer le poêle se transforme presque insensiblement et surtout ludiquement en un jeu de partenaires, dont le feu, en dernier lieu, et de façon typiquement pongienne, semble représenter l'amour de l'auteur pour son objet/texte.

Auto-référentialité bien connue de Ponge, qui s'est manifestée aussi, mais différemment, dans le texte de *La Grenouille*, où le "moi poétique" a en quelque sorte "saisi" cette créature par l'écriture et la laisse échapper à la fin de son texte.

Il est clair que dans *Les Poêles*, Ponge a exploité la polysémie virtuelle de la langue, notamment du champ sémantique de la chaleur, qui produit ici une isotopie physique autant que psychique. Sans se servir des termes tout désignés: feu, flammes, chaleur, Ponge procède de façon originale à un développement de la métaphore bien connue du "feu de l'amour".

Dans le cas de *La Grenouille,* c'est paradoxalement une allotopie culturelle et intertextuelle à première vue étrange et surprenante qui vient renforcer l'isotopie multiple d'un animal amphibie, au point d'en faire un animal foncièrement ambigu. Le balancement entre les contraires qui en résulte constitue un élargissement du thème, plutôt qu'une digression; la "déviation" se trouve donc pleinement justifiée et la grenouille de Ponge s'avère l'amphibiguïté par excellence.

Chapitre 4. Image métaphorique et isotopie plurielle

1. Sens, sensations et l'effet de réel

A l'opposé de Reverdy affirmant que "l'image est une création pure de l'esprit", le critique Marcus Hester souligne que l'image est liée à l'expérience, qu'à travers l'image, des impressions visuelles ou d'autres sensations ressenties reviennent à l'esprit.[1]

En effet, l'image donne à "voir" au sens large du mot: le lecteur se représente non seulement des impressions visuelles, mais aussi certaines odeurs, certains bruits, toutes sortes de caractéristiques de l'objet, bref, l'image est un appel à l'imagination sensorielle du lecteur. Selon Hester cela vaut d'autant plus pour les images hardies qu'offre la métaphore; par son caractère surprenant, "étranger à l'isotopie du texte",[2] cette figure de style pousse le lecteur à se représenter, à se rappeler toutes sortes d'expériences et c'est donc cette foule d'impressions et de sensations évoquées qui constituerait le lien avec le vécu.

---

[1] Marcus B. Hester, *The Meaning of Poetic Metaphor*, La Haye, Mouton 1967, p. 187: "Metaphor is a fusion of sense and sensa because the seeing as in the metaphorical structure is half thought, half experience".

[2] C'est là la définition de Michel Le Guern, *Sémantique de la métaphore et de la métonymie*, Paris, Larousse, 1973, p. 16: "La métaphore au contraire [de la métonymie], à condition que ce soit une métaphore vivante et faisant image, apparaît immédiatement comme étrangère à l'isotopie du texte où elle est insérée. L'interprétation de la métaphore n'est possible que grâce au rejet du sens propre, dont l'incompatibilité avec le contexte oriente le lecteur ou l'auditeur vers le processus particulier de l'abstraction métaphorique". Les derniers mots montrent que pour Le Guern le mécanisme de la métaphore consiste "à abstraire au niveau de la communication logique un certain nombre d'éléments de signification", mais Le Guern affirme aussi que "par l'introduction d'un terme étranger à l'isotopie du contexte, [la métaphore] produit [...] l'évocation d'une image associée que perçoit l'imagination".

Ce pouvoir de la métaphore (de constituer un lien avec le vécu) semble fonctionner à merveille dans la poésie dite "réaliste" de Ponge, où le recours à l'expérience concrète est absolument indispensable. Pourtant le réalisme de Ponge n'est pas comparable à "l'effet de réel" défini par Barthes comme "la carence même du signifié au profit du seul référent", illusion référentielle qui, selon Barthes, "devient le signifiant même du réalisme".[3] Il va sans dire – le chapitre précédent l'a assez démontré – que la poésie pongienne est très éloignée de l'idéal de la transparence du langage s'effaçant devant la réalité évoquée. Dans le cas de Ponge, il ne s'agit nullement d'une telle sorte de réalisme. Au contraire, depuis Sartre, nombre de critiques ont souligné le langage "truqué" de Ponge, où jeux de mots, paronomases, mots-valise, isotopies plurielles et néologismes accusent non pas la "carence", mais la richesse et la plurivalence du signifié. Il serait donc faux d'insister sur un parti pris réaliste, car l'équilibre, mis en avant par Ponge lui-même, du *Parti Pris des Choses égal[ant] le Compte Tenu des Mots* problématise essentiellement son prétendu réalisme.

Comblant le fossé entre la pensée abstraite et l'image concrète, la métaphore – une figure de style privilégiée dans la poésie pongienne – pourrait bien illustrer l'oscillation du poète entre la plurivalence fascinante des mots et la richesse multiple des choses. Reverdy et Hester ont tous les deux raison: d'un côté la métaphore appartient au domaine de l'esprit, de l'autre elle réinstaure le lien avec le vécu. C'est que la métaphore est un conflit sémantique fructueux et, en tant que tel, le stimulant de l'imagination pure, ainsi que sensorielle. La métaphore est figure et trope: susceptible d'évoquer des images où transperce toute la richesse du vécu, elle est une figure de signification, un écart sémantique fonctionnel, qui pousse le lecteur à réfléchir sur les rapports entre monde et parole, entre sensations et sens.

La réflexion théorique sur la métaphore est tellement riche, qu'elle pourrait à peu près remplir toute une bibliothèque. Globalement on peut distinguer entre théories "monistes" et "dualistes",[4] entre théories qui ont

---

[3] Roland Barthes, "L'effet de réel", *Communications* 11 (1968), p. 88.
[4] Cf. pour les théories monistes et dualistes, J.J.A. Mooij, *A Study of Metaphor. On the nature of metaphorical expressions with special reference to their reference*, Amsterdam etc., North-Holland Publishing Company, 1976. Un point de départ important pour la discussion a été fourni par Max Black, *Models and Metaphors*,

comme point de départ l'idée de la substitution et celles qui préfèrent accentuer l'influence réciproque, l'interaction de deux isotopies complexes produisant un sens nouveau et unique dans l'énoncé métaphorique. Ce dernier point de vue a été élaboré par Paul Ricoeur, qui, après avoir fait un bilan critique et approfondi de nombre de théories anciennes et modernes, prolonge la réflexion critique de plusieurs théoriciens et considère la métaphore comme *événement sémantique*.[5] La théorie de la substitution, liée à la sémantique du mot, a une valeur bien limitée, tandis que celle de l'interaction, tenant compte d'une sémantique du discours s'avère beaucoup plus fructueuse. Seule la dernière peut, selon Ricoeur, rendre compte de la production du sens nouveau, effectuée par la métaphore. En effet, si le mot reste le foyer métaphorique, c'est l'énoncé entier qui constitue la métaphore.

Chez Ponge aussi, la métaphore n'est pas simplement une autre dénomination de l'objet, elle est le résultat de tout un réseau de rapports textuels et référentiels. Ponge nous force à regarder avec d'autres yeux les choses ordinaires, trop familières. Pour lui, il n'existe pas de choses laides, ni de choses trop humbles ou trop banales. Or, c'est par le truchement de son langage qu'il nous oblige à quitter notre vision routinière et à porter un regard tout neuf sur la réalité quotidienne. Monde et parole, mots et choses s'influencent réciproquement.

C'est notamment l'image métaphorique, aliénante, problématique, qui nous force à réfléchir sur les rapports entre mots et choses. Nous nous proposons d'analyser en détail deux textes: *Le Papillon* et *La Mousse*, où le cadre référentiel a l'air familier et paraît assez réaliste.

New York, Cornell U.P., New York, 1962, qui a fait la distinction entre les théories de la substitution, de la comparaison et de l'interaction.

[5] Paul Ricoeur, *La Métaphore vive*, Paris, Seuil, 1975. Cf. par exemple p.127: "je préfère dire que l'essentiel de l'attribution métaphorique consiste dans la construction du réseau d'interactions qui fait de tel contexte un contexte actuel et unique. La métaphore est alors un événement sémantique qui se produit au point d'intersection entre plusieurs champs sémantiques. Cette construction est le moyen par lequel tous les mots pris ensemble reçoivent sens. Alors, et alors seulement, la *torsion* métaphorique est à la fois un événement *et* une signification, un événement signifiant, une signification émergente créée par le langage. [...] Dans l'énoncé métaphorique [...] l'action contextuelle crée une nouvelle signification qui a bien le statut de l'événement, puisqu'elle existe seulement dans ce contexte-ci. Mais, en même temps, on peut l'identifier comme la même, puisque sa construction peut être répétée; ainsi, l'innovation d'une signification émergente peut être tenue pour une création linguistique".

Pourtant, comme l'a bien observé Riffaterre: "[...] le texte qui semblait à première vue [...] relever d'une esthétique de l'exactitude descriptive, apparaît comme une fantaisie sur un motif réaliste".[6]

1.1 La naissance du *Papillon*: une explosion de feu[7]

La motivation de toute une série de métaphores dans *Le Papillon* (*PPC/Pl* 28), par exemple, n'est pas réaliste; celle-ci doit être cherchée dans le texte poétique même qui présente la naissance du papillon comme une véritable explosion de feu. Regardons de plus près le texte:

> Le Papillon
>
> Lorsque le sucre élaboré dans les tiges surgit au fond des fleurs, comme des tasses mal lavées, – un grand effort se produit par terre d'où les papillons tout à coup prennent leur vol.
> Mais, comme chaque chenille eut la tête aveuglée et laissée noire, et le torse amaigri par la véritable explosion d'où les ailes symétriques flambèrent.
> Dès lors le papillon erratique ne se pose plus qu'au hasard de sa course, ou tout comme.
> Allumette volante, sa flamme n'est pas contagieuse. Et d'ailleurs, il arrive trop tard et ne peut que constater les fleurs écloses. N'importe: se conduisant en lampiste, il vérifie la provision d'huile de chacune. Il pose au sommet des fleurs la guenille atrophiée qu'il emporte et venge ainsi sa longue humiliation amorphe de chenille au pied des tiges.
> Minuscule voilier des airs maltraité par le vent en pétale superfétatoire, il vagabonde au jardin.

Ce texte se construit à partir d'une série de sept métaphores, dont chacune (sauf la première) est engendrée par la précédente. Afin d'assurer la lisibilité de notre argumentation, nous procédons par une paraphrase commentée de ces métaphores.

La naissance du papillon vue comme une *véritable explosion* d'où sortent des flammes est, certes, non pas un fait réel, mais plutôt cette

---

[6] Michael Riffaterre, *La Production du texte*, Paris, Seuil, 1979, p. 284.
[7] Une première analyse des métaphores du *Papillon* a été publiée dans Tineke Kingma-Eijgendaal, *Le Plaisir de la suggestion poétique. Quelques analyses de la forme suggestive chez Rimbaud, Verlaine et Ponge*, Leyde, 1983 (thèse), pp. 6–8.

"fantaisie sur un motif réaliste" dont parle Riffaterre. C'est cette fantaisie qui fournira l'explication de certains traits physiques de l'animal. Tout comme les flammes sont le résultat d'une explosion, les ailes du papillon se déplient par la vertu de ce grand effort que représente l'éclosion de la vie – déployement qui se produit au détriment du corps, la substance brûlée. L'énoncé métaphorique: *la véritable explosion d'où les ailes symétriques flambèrent* a un rapport significatif avec une deuxième métaphore: le papillon né est appelé une *allumette volante*.[8] C'est que l'explosion est responsable du *torse amaigri* (dont *la tête* est *aveuglée et laissée noire*); ce corps mince s'envole donc comme un petit bâton allumé, emporté par les ailes en forme de flammes.

Si, d'une part, l'explosion est destructrice (la tête aveuglée, le corps brûlé), d'autre part elle constitue l'acte magique donnant la vie au papillon, une vie qui se concentre cependant entièrement dans les ailes. La métaphore *les ailes symétriques flambèrent* ne s'explique donc pas seulement comme l'éloge traditionnel décerné à une chose concrète (les couleurs flamboyantes des ailes, qui, de plus, ont la forme des flammes), mais aussi comme l'interprétation de cet élan primordial, de ce déploiement violent de la vie. C'est après cette irruption de vie que le vol du papillon devient *erratique*. Ce trait, de nouveau, est expliqué par l'effet destructif (et constructif) de l'explosion aveuglante qui produit un trop plein de vie, une flamme, une force mouvante sans substance se situant uniquement dans les ailes fragiles.

Le papillon est donc symbole de la vie, mais il ne va pas donner la flamme de la vie à d'autres: *sa flamme n'est pas contagieuse*. Cette métaphore souligne que ce n'est pas lui qui est responsable de la vie des fleurs: *il arrive trop tard et ne peut que constater les fleurs écloses*. Le papillon remplira donc une autre fonction: *en lampiste*, il va contrôler les réserves d'énergie, le feu de la vie.

Par cette cinquième métaphore, il passe au rang de maître, il est au-dessus des fleurs. C'est ainsi qu'il se venge de son état amorphe de chenille, de sa non-existence *au pied des tiges*. Il va déposer *au sommet des fleurs*, comme un drapeau de misère victorieux, l'enveloppe qui l'immobilisait, la chrysalide maintenant déchirée, rétrécie par la vie

---

[8] L'"atelier" du *PPC* (*Pl* 59–60) nous donne deux versions manuscrites, antérieures au *PPC*, dont la première présente explicitement cette "fantaisie" sous forme d'une question: "Qui a gratté la chenille pour l'allumer papillon?".

éclatante de ses ailes qui l'emportent. Triomphant ainsi de la beauté florale, le papillon n'est plus la *chenille* en *guenille*, il se trouve au-dessus des fleurs en s'envolant. Le mouvement des ailes, c'est la flamme, c'est la vie, non pas une vie (un corps) qui engendre, mais l'âme, le souffle vital. C'est ce symbolisme du papillon vu comme une vie légère soufflée par le vent qui donne lieu à la sixième métaphore. Les ailes du papillon deviennent des voiles. Inspiré par le vent, ce *minuscule voilier* qu'est le papillon flotte et danse au jardin.

Le vent et les fleurs jouent encore un rôle dans la septième métaphore qui présente le papillon comme un *pétale superfétatoire*. Dans le qualificatif "superfétatoire" se combinent plusieurs sens: le sens usuel "superflu", le sens étymologique "conçu par dessus", ainsi que le sens contextuel "le papillon comme création (foetus) supérieure". En effet, le papillon est une création supérieure, parce que sa naissance (qui est métamorphose) est un symbole de résurrection, il est donc doublement conçu . De plus, il est représenté comme contrôleur de la vie, comme un être supérieur aux fleurs (la chrysalide rejetée sera déposée *au sommet des fleurs*). Au sens propre du mot, le pétale superfétatoire se trouve au-dessus des autres pétales et n'est pas lié au centre. Cette situation supérieure au sens concret du mot devient supériorité, par laquelle le pétale-papillon se détache des autres pétales. A l'encontre des fleurs, le papillon *vagabonde au jardin*, jouissant du mouvement de la vie. Par cette vie qui lui est propre, il nous échappe: livré aux caprices du vent, le papillon, souffle vital et léger s'échappe, comme l'âme quitte le corps. En effet, traditionnellement le papillon symbolise l'âme qui s'envole; dans ce texte, il semble tout à fait approprié à symboliser (re)naissance et métamorphose. Arrivé à la fin du texte, le papillon s'envole et le cycle de la vie et celui de l'écriture coïncident, comme ailleurs dans les textes pongiens. L'envol, toutefois, ne signifie pas la mort de l'animal. Le papillon illustre plutôt le principe vital, la métamorphose des formes vivantes. Cette métamorphose, on la retrouve dans le titre même d'un poème pris du recueil *Pièces* (*Pl* 741):

La Métamorphose

Tu peux tordre au pied des tiges
L'élastique de ton coeur

> Ce n'est pas comme chenille
> Que tu connaîtras les fleurs
>
> Quand s'annonce à plus d'un signe
> Ta ruée vers le bonheur
> ....
> Il frémit et d'un seul bond
> Rejoignit les papillons.

La naissance du papillon est une métamorphose réelle, un fait biologique connu dans l'histoire naturelle. Si, dans ce texte de *Pièces*, la description de ce fait réel prend une couleur légèrement subjective par la personnification (le poète interpelle le papillon comme si c'était un amant impatient de trouver sa forme séduisante), la description reste réaliste en ce sens qu'elle souligne la métamorphose en papillon de la chenille emprisonnée dans son cocon, ainsi que le rapprochement des fleurs et des papillons comme un cliché érotique bien connu.[9]

Dans *Le Papillon* du *Parti pris des choses* par contre, le sens du papillon sera plutôt construit qu'emprunté à la réalité. C'est que, dans ce texte-ci, les traits réalistes du papillon (tête noire, corps amaigri, ailes flamboyantes) s'expliquent par la fantaisie sur la chenille-allumette donnant naissance au papillon, une métamorphose qui est vue comme une force explosive, une résurrection qui rend cet animal supérieur aux fleurs. Certes, les fleurs sont vivantes, mais, enracinées dans la terre, elles ne bougent pas. Le papillon, lui, est une vie qui bouge et se déplace. Sans substance corporelle, il est le souffle vital, principe et jouissance pure de la vie. En préconisant la supériorité de cette vie mobile, le poète s'écarte de la réalité observable en introduisant une valorisation. Si les aspects et les états de l'animal sont scientifiquement réels, ils subissent une transformation poétique qui fait que le lecteur "bénéficie du climat de l'évidence, tout en constatant en même temps que 'tout y [est] neuf, inouï'".[10]

---

[9] Il est remarquable que dans plusieurs textes de Ponge, l'allusion érotique s'accompagne d'une ligne pointillée. Il suffit de penser à des textes comme *La Lessiveuse* et surtout *La Fabrique du Pré*. Cf. à ce sujet notre chapitre 7.

[10] Ponge, *Méthodes*, *Pl* 551.

1.2 Une armée en patrouille: *La Mousse*[11]

Le même va-et-vient entre vision fantastique et invention verbale se trouve dans le texte *La Mousse* (*PPC/Pl* 28–29). Ce qui déclenche dans ce texte la série des métaphores, c'est la vision de la mousse comme une armée qui va occuper la terre.

> La Mousse
>
> Les patrouilles de la végétation s'arrêtèrent jadis sur la stupéfaction des rocs. Mille bâtonnets du velours de soie s'assirent alors en tailleur.
> Dès lors, depuis l'apparente crispation de la mousse à même le roc avec ses licteurs, tout au monde pris dans un embarras inextricable et bouclé là-dessous, s'affole, trépigne, étouffe.
> Bien plus, les poils ont poussé; avec le temps tout s'est encore assombri.
> O préoccupations à poils de plus en plus longs! Les profonds tapis, en prière lorsqu'on s'assoit dessus se relèvent aujourd'hui avec des aspirations confuses. Ainsi ont lieu non seulement des étouffements mais des noyades.
> Or, scalper tout simplement du vieux roc austère et solide ces terrains de tissu-éponge, ces paillassons humides, à saturation devient possible.

Au début du texte, la mousse est vue comme *les patrouilles de la végétation*, une métaphore qui s'explique par le fait qu'une patrouille est un petit régiment de l'armée envoyé en avant et qui parcourt le terrain en observant, en surveillant. C'est donc une partie, ou le début de l'occupation, de même que la mousse est, selon la terminologie, une "végétation pionnière". Cette patrouille a pour fonction d'explorer une situation difficile et ainsi elle devance l'armée, en s'exposant témérairement. Cette image s'applique à l'audace de la mousse, qui pousse là, où d'autres formes de végétation ne sont pas possibles. La mousse-patrouille explore des lieux dangereux et doit s'arrêter si cela devient trop dur: ici, dans le texte, c'est *sur la stupéfaction des rocs* qu'elle s'arrête.

Le mot *stupéfaction* demande une lecture plurielle. D'une part le sens usuel s'impose: les rocs sont étonnés de cette attaque; d'autre part le sens étymologique de stupéfaction (*stupe-facere* = faire engourdir) est actualisé au sens actif et passif, c'est-à-dire que non seulement les

---

[11] Une première version de ce paragraphe a été publiée en néerlandais dans Tineke Kingma-Eijgendaal, *op.cit.*, pp. 52–63.

rocs sont faits d'un matériau dur qui rebute la végétation, mais aussi les rocs produisent un effet paralysant, de sorte que la mousse ne peut plus avancer.

La deuxième métaphore *mille bâtonnets du velours de soie* assure le pont entre l'idée d'une occupation militaire et celle d'une étoffe couvrant le terrain. Par l'isotopie militaire du début et par l'équivalence phonique, les bâtonnets évoquent des baïonnettes, d'autant plus si l'on se représente visuellement, par une myopie chère à Ponge, les petits brins de mousse qui ont la forme de toutes petites lances pointues. Certes, le matériau de la mousse est beaucoup plus doux, la soie ne peut pas blesser, mais, curieusement l'étoffe du velours a de petits poils rugueux qui ont la même forme agressive que les petits brins de la mousse. Arrêtés par la dureté des rocs, les brindilles *s'assirent en tailleur*, une métaphore dont l'interprétation est multiple. La façon de s'asseoir des tailleurs (les jambes repliées à plat sur le sol, les genoux écartés) pourrait figurer l'éboulis – à la manière des dominos – de cette rangée de bâtonnets; mais tailleur peut signifier aussi un tailleur de pierre: la mousse "taille", c'est-à-dire scinde le rocher en plusieurs parties. Malgré les isotopies différentes auxquelles appartiennent le tailleur de pierre et le tailleur de vêtements, on peut les réunir dans la synthèse du découpage: la mousse revêt le roc en le parcellisant en plusieurs pans chauves et velus.

Après ces deux premières phrases soulignant la conquête du terrain, l'isotopie militaire se poursuit dans le terme *licteurs*. Avec ses gardiens la mousse se défend (*licteurs* = gardiens qui sur la commande du consul romain avaient le droit de punir ou de tuer les perturbateurs de l'ordre). Sur le roc nu, la mousse va pousser, devient de plus en plus dense. Cette poussée est personnifiée: la masse de brindilles entrecroisées devient une foule impatiente qui supporte mal d'être pressée de tous les côtés, une foule compacte qui a horreur de l'encombrement.

Les poils poussent et ces *poils plus longs* signifient d'abord comme terme botanique: "les filets déliés et flexibles de certaines parties de plantes" (*Littré*). En deuxième lieu il faut se rappeler les poils rugueux de l'étoffe du velours, ainsi que le sens usuel "cheveux" (ce qui va motiver à la fin du texte la métaphore *scalper*). Finalement ces poils suggèrent aussi les traces de l'écriture se multipliant. C'est que le terme *préoccupation* dans son acception de "souci", "activité pénible", pourrait s'appliquer aux efforts de la mousse en train de pousser sur le roc dur, résistant, mais le terme s'applique surtout à un être humain, signifiant ce qui occupe l'esprit, ce qui le tracasse. Ainsi, ce sont les réflexions du poète qui vont croître sur le papier, qui deviennent plus compliquées. En même temps, le terme *préoccupation* – par son sens étymologique "première occupation" – reprend l'isotopie militaire. La première occupation s'est enracinée. De plus, l'isotopie du tissu revient avec la métaphore des *profonds tapis* de mousse; ces tapis ont une profondeur pleine d'élasticité, car, si le poids de quelqu'un qui s'assoit dessus la fait courber, la mousse, mouillée en dessous, sait se relever maintenant. Il ne s'agit plus de brindilles fragiles sur un roc dur et sec, mais de plaques de mousse souples, tenaces, qui ont vaincu et survécu. Ces plaques de mousse denses sont, cependant, plus faciles à couper que les petits brins trop légers du début. Le texte a raconté l'histoire d'une croissance, réunissant les petits brins légers et disparates dans un objet qui prend forme et consistance: la mousse s'est transformée en plaques denses qui sont appelées métaphoriquement des *paillassons humides* (terme qui réunit l'isotopie militaire et celle du tissu-couche) et en même temps le texte est devenu un amas compact. Pour raconter cette croissance, deux isotopies sont utilisées, révélant le point de vue pongien de la mousse: l'isotopie de la conquête guerrière et celle du tissu inextricable. Les métaphores à la fin du texte combinent ces isotopies. Les longs poils de la végétation (devenus des plaques de mousse couvrant le roc) seront coupés: *scalper ces terrains de tissu-éponge, ces paillassons humides à saturation devient possible.*

Ces isotopies de la conquête d'une armée et du tissu inextricable coïncident avec le mouvement de l'écriture même: une entreprise timide au début qui devient un amas de lignes de plus en plus dense, un réseau de fils, un enchevêtrement qu'il est finalement possible de couper. Couper court: et voilà que début et fin du texte correspondent de nouveau à la naissance et à la disparition de l'objet-prétexte.

Nous sommes ici en présence d'un trait caractéristique du poème pongien: son auto-référentialité. Le caractère autoréférentiel du texte est mis en oeuvre par le mot même de "texte", dont l'étymologie est, on le sait, "tissu", "étoffe". D'où la polysémie ludique du terme "tissu-éponge", qui peut se lire comme une métaphore anagrammatique de la fabrication textuelle: "texte issu de Ponge", et en même temps comme la métaphorisation de la disparition du texte: "le tissu (s')éponge": "le texte est épongé".[12]

Concluons provisoirement. Ce que nous avons voulu souligner ici, c'est *l'interaction de plusieurs isotopies métaphoriques* qui forcent le lecteur, d'un côté à se représenter *sensuellement* l'objet, de l'autre à combiner activement toutes sortes de connotations pour arriver au *sens* de l'objet.

2. Un principe structurant faune et flore: l'opposition et la valorisation flottantes

Nous avons vu que le sens fondamental (plus ou moins caché) du *Papillon* se construit par l'isotopie métaphorique du *feu de la vie*. Cette vie est vue comme supérieure à celle des fleurs, car, rappelons-le, pour Ponge, "la faune bouge, tandis que la flore se déplie à l'oeil"; la flore est donc "différent[e] en ceci de [ses] frères *vagabonds*" (c'est nous qui soulignons). Nous retrouvons ici un principe structurant important chez Ponge: l'opposition.[13] Ainsi, le mouvement de la faune s'oppose à l'immobilité de la flore, l'animé des êtres à l'inanimé des objets, la petitesse à la démesure, et Ponge sait tantôt privilégier un des deux pôles de l'opposition, tantôt brouiller complètement les cartes en glissant vers une autre valorisation. Comme nous avons fait une analyse de la faune (papillon) et de la flore (mousse), examinons de plus près cette opposition du mouvement à l'immobilité.

Un texte comme *Les Ombelles* (P/Pl 722) présente, par exemple, des plantes qui "tiennent bien en place et sont fidèles à leur talus"; leur seul mouvement c'est quand "le vent les balance". La flore nous présente un tableau-vivant doux à contempler et elle est donc avant tout décrite d'un point de vue visuel, ou du moins sensoriel; le fait d'être cloué au sol semble contrebalancé, compensé même, par la richesse infinie de toutes les qualités de la flore, qu'on peut voir, respirer, toucher, goûter, bref: sentir. Ainsi la sensation gustative (si importante dans la description des fruits) domine dans le texte *Le Magnolia* (P/Pl

---

[12] Selon Jacques Derrida, *Signéponge*, Paris, Seuil, 1988, p. 60: "[...] l'éponge éponge, l'éponge est Ponge".
[13] Voir la "qualité différentielle", étudiée dans notre chapitre 2.

722) (une fleur "fraîche et satinée", une "bulle formée lentement dans un sirop [...] qui tourne au caramel") et dans *Le Gui* (*P/Pl* 728) c'est le toucher qui se présente de façon frappante ("la glue [...] colle d'amidon"). Les roses, dont *la paralysie* est soulignée dans le texte, se font remarquer finalement par toutes sortes de sensations: "les fleurs alors débouchent – définitivement – leur flacon. Toutes les façons de se signaler leur sont bonnes. Douées d'une touchante infirmité (paralysie des membres inférieurs), elles agitent leurs mouchoirs (parfumés) [...]". Ces mouchoirs dégageant l'odeur enivrante de la fleur épanouie, sont évidemment agités aussi en signe d'adieu, car la phrase suivante, qui termine le texte, souligne: "Car pour elles, en vérité, pour chaque fleur, tout le reste du monde part incessamment en voyage". Chez Ponge où le plus souvent c'est l'objet qui disparaît à la fin du texte, ici, curieusement, l'objet nous éconduit et l'homme part à sa quête. Cela est confirmé d'ailleurs par le titre remarquable de ce texte: *La Parole étouffée sous les roses* (*P/Pl* 771–773). La parole cède la place à l'objet triomphant, un objet tellement beau et odorant, une chair de satin à toucher, que la rose devient la reine devant laquelle on s'incline ou pour qui on part en voyage. Devant la richesse des sensations offerte par cet objet même, la parole se révèle impuissante, il faut se taire.

A ce sujet on constate pourtant une attitude ambivalente chez Ponge, assez caractéristique de sa conception poétique: si, d'un côté la parole est étouffée sous la rose triomphante, de l'autre, ce n'est qu'exprimée par la parole que la perfection de la flore existe vraiment. C'est que la flore elle-même s'exprime, mais ne parle pas. Symbolisme bien connu chez Ponge et affirmé explicitement dans *Faune et flore* et dans *Le Cycle des saisons*, où les arbres "lâchent leurs paroles, un flot, un vomissement de vert". Mais ils sont incapables de "recouvrir entièrement le monde de paroles variées: ils ne disent que 'les arbres' " (*PPC/Pl* 23). Si donc l'on peut être impressionné par la richesse des sensations que nous donne la flore (surtout par la sensation visuelle, car la flore n'est que "poses" et est "défini[e] plutôt par ses contours et par ses formes"), c'est le devoir du poète de ne pas rester dans l'instantané de la sensation ressentie, mais d'exprimer par la parole humaine le sens de ces sensations. "Goût, vue, ouïe, odorat [...] c'est instantané", a dit Ponge dans *Plat de poissons frits* (*P/Pl* 768), un texte qui, malgré son sujet "comestible", fait songer à un tableau peint, un tableau de Braque peut-être, une nature morte qui rejoint la flore par la beauté de ses formes et l'impossibilité du mouvement. Cette immobilité est vue par Ponge comme "la qualité essentielle" des êtres végétaux, qui "ne s'expriment que par leurs poses" (*Faune et flore, PPC/Pl* 42). La restriction semble témoigner d'une désapprobation, mais comme il le fait ailleurs, Ponge tourne une qualité à première vue négative en valeur positive.

Ainsi, renversant son premier point de départ, il confère non seulement une compensation sensorielle, mais aussi une valeur positive à l'immobilité de l'être végétal en affirmant: "tout le monde autour de [l'être végétal] n'est qu'une mine où le précieux filon vert puise de quoi élaborer continûment son protoplasme, dans l'air [...] dans le sol", de sorte que "la qualité essentielle de cet être, libéré à la fois de tous soucis domiciliaires et alimentaires [...]" est justement "l'immobilité". En effet, au lieu de se laisser invalider par cette immobilité, l'être végétal peut donc en tirer un grand orgueil. Pour lui, c'est une situation suffisante pour *croître*. Libéré de tout souci banal, il peut se vouer à ses poses et se manifester dans toute sa beauté, comme la rose personnifiée en jeune fille en robe de bal. Evidemment, cette mise en valeur et cette métaphorisation proviennent du poète, c'est lui qui nous invite à éprouver ce bouquet de sensations. Ainsi, il affirme explicitement dans *La Robe des choses*: "Une fois, si les objets perdent pour vous leur goût, observez alors, de parti pris, les insidieuses modifications apportées à leur surface par les sensationnels événements de la lumière et du vent selon la fuite des nuages [...] Et suivant les volontés ou caprices de quelque puissant souffleur en scène, ou peut-être les coups de vent, [...] elles [...] revêtent le spectateur [...]" (*P/Pl* 695–696). Le puissant souffleur a observé *et* exprimé dans un langage métaphorique la richesse sensorielle de toutes ces fleurs qui "tiennent bien en place". C'est ainsi que la flore acquiert, de plus, un sens plus profond et une valeur symbolique.

Ainsi, les fleurs des *Ombelles* deviennent "une broderie à la main", et même "une coquetterie discrète et minutieuse". Tout y est élégance féminine (on pense à des tableaux de Monet) et si le titre cache déjà le pronom personnel féminin "elles", la fin suggère le privilège ou le "devoir" des femmes: l'enfantement. Le même genre de tableau-vivant et le même symbolisme se combinent dans le texte *Le Platane*, dont l'apparence tranquille et solide semble représenter le pendant masculin des *Ombelles*. *Le Platane* (présenté également comme "tranquille à

[s]on devoir") assure, lui aussi, la procréation, de sorte que l'avenue française aura "à perpétuité l'ombrage du platane".

Jusqu'ici la description ambivalente et métaphorique de la flore nous a montré plusieurs choses remarquablement ambiguës. D'abord, la flore (clouée sur place) jouit d'un processus de compensation sensorielle; c'est une richesse triomphante de l'objet qui risque même d'infliger une sorte de mutisme au poète. Ensuite, cette immobilité – apparemment vue d'abord comme un handicap – a été valorisée positivement comme auto-suffisance libérante. Finalement, l'impossibilité même du mouvement a été contestée par le principe de la croissance et de la prolifération.

Certes, il est évident que la flore n'est pas vraiment présentée comme immobile. Si elle ne se met pas en mouvement comme la faune, nombre de textes mettent en relief cette croissance et cette fertilité citées ci-dessus. De plus, dans *Faune et flore*, ainsi que dans *Le Cycle des saisons*, l'"extension", l'"excroissance" est encore valorisée, à la manière typiquement pongienne, de façon négative et positive. La manifestation végétale qui semble l'apogée de la croissance et de la fertilité est *Le Lilas*, qui offre une "inflorescence" presque pénible au poète affirmant: "je suis plutôt content d'être moins expansif! Ce déballage de boutons, de varices, d'hémorroïdes me dégoûte un peu". Or, cette poussée végétale, ainsi que la comparaison avec l'activité scripturale de Ponge lui-même qui en résulte, nous montrent une analogie constante, mais mise en valeur différemment à travers des textes comme: *Les Mûres, Le Lilas, La Mousse* et la *Fabrique du Pré*. Le dernier texte, qui sera analysé dans notre chapitre final, semble le prototype même du principe de la croissance végétale / augmentation scripturale. Notre analyse de *La Mousse* a montré la poussée végétale (vue comme conquête du terrain, tissu de plus en plus dense) coïncidant par analogie métaphorique avec celle de l'écriture: une occupation de la page, un réseau de rapports de plus en plus dense.

Cependant, cette analogie complique davantage l'opposition de la mobilité versus l'immobilité. L'opposition de la *faune* à la *flore*, par exemple, se trouve doublée d'une opposition entre la parole écrite et la parole orale: "l'expression des végétaux est écrite, une fois pour toutes. Pas moyen d'y revenir, repentirs impossibles: pour se corriger, il faut ajouter". En cela, elle s'oppose à l'expression des animaux qui est "orale, ou mimée par gestes qui s'effacent les uns les autres". Le déplacement des animaux c'est le mouvement de la vie, ce vagabondage erratique du papillon par exemple, qui se déplace, revient, se trompe, se corrige en mouvements provisoires, révisables. Ce mouvement est alors utilisé par Ponge comme symbole positif de la langue orale au détriment de la langue écrite, ce qui constitue un revirement des valeurs traditionnelles: le fugitif de la parole prononcée est valorisé positivement vis-à-vis de la fixation de la parole écrite, où l'on ne peut qu'ajouter, qu'accroître.[14]

Selon Gleize et Veck cependant, cette fixation de la parole écrite est dans le cas de Ponge tout à fait discutable. Citant un passage de Barthes, ces deux critiques soulignent qu'apparemment Ponge reprend le stéréotype de la parole éphémère versus l'écriture monumentale, mais qu'en fait Ponge "ne définit ensuite nullement l'écriture par son statut de monumentalité. L'effort d'expression écrit [...] est pour lui ce geste ou ce travail qui tend à faire d'un mouvement un monument". Ainsi, selon ces critiques, dans le cas de Ponge il importerait peu qu'il s'agisse de paroles écrites ou parlées, les deux formes de l'expression (orale et écrite) "auraient ceci de commun avec l'expression végétale, qu'elles ne se corrigent qu'en ajoutant, et qu'elles le font [...] aux yeux de tous, sans honte [...]". Voilà ce qui caractériserait la nouvelle conception de l'écriture de Ponge: se donner complètement, avec brouillons, corrections, une "*formulation* (au sens actif, acte de formuler, de donner forme), et l'ostentation de cet acte" tout comme le déploiement du végétal.[15]

---

[14] On trouve une pareille valorisation dans le célèbre mythe des paroles gelées (Rabelais, *Quart Livre*), où le dégel de la parole spontanée, sa libération de la fixation gelée, imposée par l'écriture, est valorisée positivement.

[15] Gleize et Veck dans *Francis Ponge : Actes ou Textes*, Lille, P.U., 1984, pp. 50–51, montrent d'abord le "paradoxe barthésien" déclarant que "c'est la parole, éphémère, qui est indélébile, non l'écriture, monumentale. A la parole on ne peut que rajouter une autre parole. Le mouvement correctif et perfectif de la parole est le bredouillement, tissage qui s'épuise à se reprendre, chaîne de corrections augmentatives [...]". Ensuite ils affirment qu'à première vue ce que "Barthes dit de la parole, Ponge semble le dire de l'écriture". Finalement, ils mettent parole et écriture au même plan par le sens profond de la vision du texte comme "moviment", de la "formulation en acte", une activité essentiellement "provisoire, retournable ou amendable". Cf. à ce sujet aussi p. 160 de l'article de Gleize "La poésie mise en orbite, Francis Ponge" dans son livre *Poésie et Figuration*, Paris, Seuil, 1983, pp. 157–191.

Comme nous l'avons constaté plus haut: Ponge ne serait pas Ponge s'il ne réussissait pas à renverser les points de vue. Ainsi, en écrivant un texte sur *La Parole étouffée sous les roses* et en faisant dans d'autres textes l'éloge d'un objet sale, simple ou même dégoûtant, il use du paradoxe.[16] Il sait atténuer les oppositions qu'il a faites lui-même, par exemple en démesurant ce qui est petit, en humanisant les choses et en chosifiant les êtres humains.[17] Nous avons constaté que l'immobilité de la flore (apparemment dépréciée) acquiert une valeur positive; cette immobilité sera ensuite mise en question par l'accentuation de la poussée végétale qui, en plus, évoque par analogie la croissance scripturale. Finalement la croissance végétale/scripturale sera valorisée négativement par rapport au vagabondage animal, qui évoque par analogie le vagabondage de la parole orale. L'opposition mobilité – immobilité sera constamment infirmée par ces processus de compensation, de contestation et de renversement de valeurs.

3. Une constante: l'enchevêtrement des isotopies métaphoriques désignant l'activité scripturale

Il est certain que la poussée végétale / scripturale peut être considérée comme une constante dans la poésie pongienne, qui, cependant, dans plusieurs textes s'exprime à travers des images légèrement différentes. Dans *La Mousse* non seulement les poils (botaniques) et les fils (de l'écriture) deviennent de plus en plus longs en poussant, mais ils seront pris dans "un embarras inextricable", c'est-à-dire que la croissance scripturale est non seulement augmentation (poils constituant un *tissu*), mais aussi complication. Cette complication est exprimée dans nombre de textes par l'image bien connue du *réseau*; autre métaphore quasi-morte pour indiquer l'écriture, métaphore qui sera réanimée dans plusieurs textes de Ponge.

Or, si l'augmentation et la complication constituent deux aspects de l'écriture exprimés à l'aide de deux images apparemment différentes – celle de l'étoffe (tissu, tapis, rideau) et celle de l'entrelacement (réseau,

---

[16] Cf. à ce sujet notre chapitre 2.
[17] Ainsi, le bébé nouveau-né dans *La Jeune Mère* est qualifié d'"objet proche" (*PPC/ Pl* 33).

filet, toile) – il faut admettre que ces isotopies se recouvrent partiellement. Des termes comme filature, tissage, trame (termes récurrents dans la poésie pongienne) peuvent être lus sur l'isotopie de l'étoffe, ainsi que sur celle de l'entrelacement. Rien d'étonnant, car c'est par entrelacement que le fil crée le tissu. Ainsi la pluie dans *Pluie* est appelée "un fin rideau ou réseau", de même que la toile de *L'Araignée* trame le texte comme un filet. Pourtant, ces isotopies seront amplifiées aussi dans des directions divergentes.

C'est ainsi que l'isotopie du réseau dans *Pluie* se développe dans celle de la *machinerie*.

Pluie, qui par sa position stratégique au début du *Parti pris des choses* mérite qu'on s'y arrête, illustre à merveille dans sa forme syntaxique et rythmique les métaphores employées: au début c'est l'image du rideau / réseau qui s'exprime à travers la "chute implacable, mais relativement lente de gouttes", image soulignée par une suite interminable de phrases, un paragraphe assez long, sans arrêt.[18] Ensuite c'est l'explication de cette chute assez dense par l'idée d'un "mécanisme compliqué [...] comme une horlogerie", dont à un moment donné le ressort se détend; alors "certains rouages quelque temps continuent à fonctionner, de plus en plus ralentis, puis toute la machinerie s'arrête [...] le brillant appareil s'évapore: il a plu". On constate donc que la métaphore du réseau se développe dans celle du mécanisme et de la machinerie.

La meilleure illustration de l'enchevêtrement du tissu-réseau-machinerie est présentée par le poème *Végétation* (*PPC/Pl* 48–49). Dans le vocabulaire de ce texte fourmillent les termes apparentés à ces trois métaphores, ainsi qu'un jeu avec des mots polysèmes évoquant des aspects de l'écriture, jeu que nous avons relevé ci-dessus. Citons, sans autre commentaire, quelques exemples pris dans chacun des six paragraphes du texte (c'est nous qui soulignons):

1. "*La pluie* ne forme pas les seuls *traits d'union* entre le sol et les cieux: il en existe [...] beaucoup mieux *tramés*, dont le vent [...] n'emporte pas *le tissu*".

---

[18] On aura intérêt à consulter le commentaire suggestif de *Pl* 899: "*Pluie* se présente comme un lever de rideau sur la scène de l'écriture", et, au sujet du mot "chute": "Ces mouvements verticaux qui échappent au temps ne sont pas sans évoquer le *clinamen*, la chute des atomes, dans le *De natura rerum* de Lucrèce, manière de placer d'emblée le recueil sous le signe du matérialisme épicurien".

2. "l'on se trouve alors à l'une des mille portes d'un *immense laboratoire*, hérissé *d'appareils hydrauliques multiformes* [...] tous à la fois cornues, filtres, siphons, alembics".
3. "Ce sont ces *appareils* que *la pluie* rencontre [...]".
4. "Curieuse *occupation*, énigmatiques *caractères*".
5. "l'on retrouve encore de *l'eau* dans certaines *ampoules*".
6. "Telle est, semble-t-il, la fonction physique de cette espèce de *tapisserie* à trois dimensions" [...] "bien que la faculté de réaliser leur propre synthèse [...] apparente les *appareils végétatifs* aux animaux, c'est-à-dire à toutes sortes de *vagabonds*, néanmoins [...] ils forment un *tissu*, et ce tissu appartient au monde comme l'une de ses *assises*".

Voilà donc l'avant-dernier texte du *Parti pris des choses* résumant à merveille la poussée végétale / scripturale, arrosée par une pluie indispensable pour la croissance. Le début et la fin du recueil se font écho.

Par contre la toile de *L'Araignée* (qui rejoint l'idée de réseau par le "filet") suit une autre piste métaphorique pour l'écriture, à savoir la *bave* (image qui avait déjà apparu dans *Les Escargots*).[19] Dans *L'Araignée* on trouve non seulement des termes comme 'filature', 'tissage', 'trame', ce qui y est souligné aussi, c'est qu'elle "file et tisse, mais nullement ne brode, / Se précipitant au plus court". Ce fil suivi, au lieu de la broderie du réseau compliqué, exprime avec la bave plutôt l'idée de la trace de l'écriture linéaire, qui sait "tirer [s]on trait" final de "typographe" (cf. *Le Pré*), mais qui est aussi sécrétion. L'accentuation de l'élément liquide comporte toujours une mise en avant de l'expression matérielle de l'écriture, ainsi que de l'idée de fertilité. Ainsi la bave (*Escargots, L'Araignée*), l'humidité (*Pluie*), la goutte d'encre (*Les Mûres*), la pulpe éjectée (*Eclaircie en hiver*), sont autant de matières liquides exprimant au fond la semence scripturale (*La Fabrique du Pré*). De plus, l'élément liquide semble constituer le pont (fertile) entre les différentes pistes métaphoriques.

En même temps, les métaphores dans les différents textes sont assez illustratives de l'évolution de la forme textuelle dans l'oeuvre de Ponge: d'une forme serrée, close (machinerie, horlogerie) vers une

---

[19] Cf. à ce sujet Nathalie Roelens, "De la colère de l'escargot à la rage de l'expression", dans Franc Schuerewegen (éd.), *Francis Ponge*, Amsterdam, Rodopi, 1996 (= CRIN 32), pp. 49–62.

forme déployée, ouverte, bavarde (sécrétion d'un fil infiniment mobile et variable). La toile de *L'Araignée* sera poursuivie dans le recueil *Pièces* par *La nouvelle Araignée*, tout comme d'autres poèmes (*Le Galet, La Crevette, Le Pré*) seront repris, prolongés et amplifiés, ou réédités avec remaniements et brouillons.

Chapitre 5. La surdétermination ou le pouvoir générateur de la langue[*]

1. *Eclaircie en hiver*

Ponge a insisté maintes fois sur la (re)motivation des mots qu'il emploie dans ses textes: la motivation de la (fausse) étymologie par rapport à "pré", par exemple, ou celle des signes diacritiques (l'accent circonflexe sur "huître"), ainsi que le jeu des préfixes et des suffixes, tout cela entraîne parfois une superposition de sens. Également la polysémie et le jeu métaphorique (filé) semblent motiver l'apparition d'autres mots dans le texte. Bref, sur le seul plan linguistique déjà, on constate chez Ponge qu'un mot en engendre forcément d'autres: phénomène appelé "anagrammatisation" par Philippe Sollers et Jean-Marie Gleize.[1]

Pour expliquer ce mécanisme générateur, Michael Riffaterre parle de "surdétermination", terme emprunté à la grammaire transformationnelle générative: "Une prose de Ponge n'est jamais autre chose que l'expansion d'un mot noyau. Les caractères formels et sémantiques du texte sont dérivés de ce mot directement ou indirectement [...] le texte est l'expansion d'une phrase matrice elle-même générée par le mot noyau.

---

[*] Ce chapitre est une version remaniée d'un article néerlandais publié dans Roland Duhamel (éd.), *Van aangezicht tot aangezicht. Modelinterpretaties moderne lyriek*, Louvain-Apeldoorn, 1991.

[1] L'explication célèbre de Ponge lui-même de *L'Huître* est la réponse à une question posée par Philippe Sollers dans *Entretiens* (p. 107) sur "l'anagrammatisation, c'est-à dire comment ils [= les textes de Ponge] sont en même temps la description de l'objet [...], mais aussi, [...] l'inscription du mot qui les signe, qui les couvre comme titre et qui se démultiplie incessammment à travers le texte lui-même". Jean-Marie Gleize commente cette discussion dans sa *Poésie et figuration*, Paris, Seuil, 1983, p. 184: "*Anagramme*: Il y a cependant un second générateur de ce texte, et ce n'est plus la chose, ou une certaine composante de la chose, mais le mot lui-même, selon une démarche qui va devenir habituelle à Ponge".

Elle actualise en syntagme, sous forme de relation prédicative, un ou plusieurs sèmes essentiels de ce mot".[2] En effet, ce mot noyau/matrice, mot "générateur" du texte, nous fait découvrir à travers la linéarité du texte toutes sortes de paradigmes phoniques et sémantiques. Nous nous proposons d'illustrer ce phénomène relevé par la critique et par Ponge lui-même, par une analyse détaillée du texte *Eclaircie en hiver* (*P/Pl* 720–721):

>Eclaircie en hiver
>
>Le bleu renaît du gris, comme la pulpe éjectée d'un raisin noir.
>Toute l'atmosphère est comme un oeil trop humide, où raisons et envie de pleuvoir ont momentanément disparu.
>Mais l'averse a laissé partout des souvenirs qui servent au beau temps de miroirs.
>
>Il y a quelque chose d'attendrissant dans cette liaison entre deux états d'humeur différente. Quelque chose de désarmant dans cet épanchement terminé.
>
>Chaque flaque est alors comme une aile de papillon placée sous vitre,
>Mais il suffit d'une roue de passage pour en faire jaillir de la boue.

1.1 Le clair-obscur (atmo)sphérique

Le titre même, constituant une sorte de syntagme-matrice, renferme une antithèse soulignée par des sonorités (les sons [è] + [r], ainsi que [i] + [v]) qui reviennent avec une fréquence remarquable dans le premier paragraphe.

Eclair rime avec *hiver* et le syntagme *éclaircie en hiver* nous offre tout de suite ce contraste (une 'illumination' dans une saison sombre) qui sera "généré" sous la forme d'une comparaison proportionnelle (a : b :: c : d :: e : f).

---

[2] Michael Riffaterre, "Surdétermination dans le poème en prose (II): Francis Ponge", dans *La Production du texte*, Paris, Seuil, 1979, pp. 267–285. Ce texte est l'élaboration d'une première version intitulée "Ponge tautologique ou le fonctionnement du texte", *Cerisy*, pp. 66–84, pp. 85–90 (discussion). Cf. aussi à ce sujet l'ouvrage de Riffaterre, *Semiotics in Poetry*, Sebeok, Bloomington & Londres, Indiana U. P., 1978.

éclaircie en hiver	une éclaircie en hiver
le bleu renaît du gris comme	est comme une irruption de lumière
	réapparaissant sur un fond sombre
pulpe éjectée d'un raisin noir	est comme la nourriture claire
	jaillissant de la peau noire qui
	l'enfermait

Non seulement le jeu des couleurs (*clair – bleu* ↔ *gris – noir*) joue un rôle unificateur dans cette comparaison, mais aussi le caractère soudain de la production de la lumière. Le passage du noir à la clarté est décrit comme une entrée brusque, une (re)naissance qui met au jour, une productivité qui se combine peut-être métaphoriquement avec l'image de la créativité du poète: la naissance de la clarté / le produit (la nourriture claire) jaillit de l'encre noire de sa plume et le poème sera donc le fruit de son labeur. Cette forme d'auto-référentialité à l'écriture est – on le sait – un phénomène bien connu chez Ponge. Il suffit de se rappeler les fruits du poème *Les Mûres*, découlant de sa plume (*remplies d'une goutte d'encre*) et se trouvant dans des paragraphes appelés des *buissons typographiques*.

L'action exprimée dans la première phrase est suivie dans la deuxième phrase par le résultat de l'éclaircie, un moment tranquille dans le temps pluvieux, décrit au moyen du mot *atmosphère* qui indique aussi bien un climat physique que psychique. Cette intériorisation (paysage → paysage intérieur) est également soulignée par des mots comme *raisons* et *envie de pleuvoir* qui font infailliblement penser à "saisons" et "envie de pleurer". Pleurer comme métaphore pour la pluie (et vice versa) est un cliché trop connu (Verlaine!), et s'accorde bien avec l'*oeil humide* dans cette phrase qui se lit selon *la double isotopie de l'atmosphère climatologique et psychologique*. Selon l'isotopie climatologique *oeil trop humide* est d'abord une métaphore qui pourrait s'expliquer par la forme tant soit peu ovale de l'éclaircie, forme elliptique allongée par la force du vent et qui garde les traces brillantes de l'humidité. En deuxième lieu il faut constater que toute l'atmosphère est appelée un *oeil trop humide*, ce qui pourrait signifier aussi que la clarté revenue grâce à l'éclaircie n'est pas entièrement transparente, limpide, mais que la vue est voilée à cause de l'humidité qui persiste dans l'air. Les *raisons de pleuvoir* constituent une périphrase métonymique: ce sont des nuages menaçants portant la pluie et qui ont momentanément disparu. L'association avec 'saisons des pluies' donnerait une explication qui revient au même: l'éclaircie nous fait oublier un instant que le temps est à la pluie. Mais ce n'est qu'un moment, ce qui est souligné par l'équivalence sonore entre *momentanément* et le syntagme *au beau temps* qui apparaît dans la troisième phrase.

Cette troisième phrase s'ouvre par la conjonction *mais* qui assure la transition, mettant en relief que si la pluie a disparu un petit moment, *l'averse* a quand même laissé des traces, des *souvenirs* constitués par des flaques d'eau. Ces flaques d'eau, reflétant le beau temps de ce moment et rappelant le mauvais temps qui les a causées, peuvent être considérées comme une sorte de pont qui relie le présent au passé: ces *souvenirs* du passé sont en même temps les *miroirs* du présent.

Au moment où le temps sombre et la pluie *ont disparu*, laissant comme *souvenirs* des flaques d'eau qui fonctionnent comme *miroirs au beau temps*, une *liaison* s'est produite (deuxième paragraphe) entre le beau et le mauvais temps. Ce jeu générateur se résume dans deux séries d'équivalences phoniques qui marquent le passage de la pluie au reflet/souvenir de la pluie: *noir* → *pleuvoir* → *miroir*, ainsi que *l'averse* → *laisse* → *liaison*.

Ainsi, le syntagme-matrice qui se trouve dans le titre a non seulement "généré" des champs sémantiques fondés sur le sème du contraste, sur le caractère soudain de la production de la clarté, sur l'isotopie bipolaire de l'atmosphère physique et psychique, mais il a généré aussi des paradigmes sonores frappants, qui soulignent davantage les liens sémantiques entre les mots et syntagmes du premier paragraphe:

en hiver / envie de pleuvoir	ã iv.r / ãvi... r
l'averse / a laissé	lavèrs / a lès.
souvenirs / qui servent	s.v..ir / is.rv
momentanément / au beau temps	.o.t...ã / o.otã
du gris / humide / disparu	dû ..i / û.id / di....û
disparu / éclaircie	.is..r. / ....rsi
hiver / souvenir	iv.r / ..v..ir
averse / servent / atmosphère	.vèrs / sèrv / ....sfèr
noir / pleuvoir / miroir	.war / ...war / ...war

Si au premier paragraphe on lit que *l'averse a laissé des souvenirs – miroirs* qui constituent (implicitement) un pont entre le présent et le passé, le deuxième paragraphe reprend explicitement l'idée de la *liaison entre deux états d'humeur différente*. Contrairement au premier paragraphe, où les prédicats soulignent le changement qui s'est produit (*renaît – ont disparu – a laissé – qui servent*) l'action manque au deuxième paragraphe, qui ne présente que la constatation statique: *il y a*.

1.2 L'éclaircie: un arrêt réfléchissant

Le beau temps après la pluie est décrit comme un événement non seulement climatologique, mais aussi psychologique. Le choix des termes *deux états d'humeur différente* implique que l'éclaircie nous met dans un autre état d'âme que la pluie et *l'épanchement terminé* veut dire non seulement que l'effusion pluvieuse (l'averse) est terminée, mais aussi que l'effusion lyrique (*quelque chose d'attendrissant et de désarmant*) s'arrête ici. Du point de vue stylistique il s'agit de deux phrases qui présentent un parallélisme morpho-syntaxique et une redondance sémantique remarquable soulignée par une répétition des sons: d – ã – t – r – i.

(Il y a quelque chose) d'attendrissant	d.tãdrisã
dans cette liaison entre deux états	dã ..t .i... ãtr d..t.
d'humeur différente	d...r di..rãt
(Quelque chose) de désarmant	d.d...r.ã
dans cet épanchement terminé	dã .....ã..ã t...i..

L'isotopie bipolaire reliant le temps à l'atmosphère est un phénomène bien connu: le climat physique est en même temps un climat psychologique, de même que le paysage est un état d'âme. Ainsi le petit soleil pâle après la pluie nous réjouit le coeur; ce n'est pas le soleil de plomb qui tape et brûle, mais un soleil faible, jeune, attendrissant, c'est une clarté précaire qui, après le mauvais temps, annonce l'espoir d'un avenir plus brillant. Certes, les flaques d'eau sont des *souvenirs de l'averse*, mais dans ces traces du temps sombre, le monde se mire grâce aux lueurs mouillées de l'éclaircie; toute l'atmosphère devient ainsi plus transparente et plus fragile.

Si les miroitements des flaques d'eau relient le présent (lumineux) au passé (humide), le phénomène de l'éclaircie elle-même peut être considéré aussi comme une liaison: c'est le moment où le beau et le mauvais temps se touchent. Moment, souvent de courte durée, un temps d'arrêt plein de réflexions, où *momentanément* se reflètent les souvenirs de la pluie. La structure cyclique est évidente: après le mouvement du premier paragraphe, le deuxième paragraphe constitue un arrêt réflexif et provisoire, tandis que le troisième paragraphe reprend le mouvement, envisageant la possibilité d'une irruption du dehors qui pourrait détruire la clarté transparente et précaire.

1.3 L'éclaircie: un phénomène passager

Le caractère précaire de la flaque d'eau transparente où le monde se mire est mis en relief par la comparaison du troisième paragraphe: "chaque flaque est alors comme une aile de papillon placée sous vitre". Les formes horizontales, immobiles, des flaques d'eau comparées à l'aile d'un papillon, succèdent au mouvement vertical de la pluie tombante.

C'est ici qu'on trouve pour la première fois, au lieu des termes métaphoriques et métonymiques (*miroir, souvenir, liaison*), le terme propre *chaque flaque*. Voilà deux mots qui riment, un phénomène qui se répète à travers tout le troisième paragraphe:

chaque	papillon	alors	sous vitre	placée sous	roue
flaque	placée	aile	suffit roue	roue de passage	boue
mais....roue	faire				
pour en faire	jaillir				

Bien que l'expressivité sonore reste un sujet périlleux (si elle est traitée comme un phénomène autonome, indépendant du contenu), elle produit ici un effet remarquable et différent de celui produit dans les paragraphes précédents. La rime [ak] dans les mots monosyllabiques *chaque flaque* peut être considérée comme une forme onomatopéique soulignant le caractère violent, abrupt et soudain du bruit de l'eau qui tombe ou de ce qui tombe dans l'eau (cf. les onomatopées *flic flac, floc, claque*). Le poids tombé de l'eau ou dans l'eau, poids exprimé par les sons [ak] est ensuite "soulevé" sur le plan sonore par les liquides et la combinaison [i]–yod dans *alors, aile, papillon*.

Le comparant de la comparaison, à savoir l'aile du papillon immobile (car placée sous vitre) ne s'envole pas; elle n'est pas vivante, elle est devenue un objet d'art. D'un côté comparé et comparant (flaque d'eau - aile de papillon) placés *sous vitre* (dans une vitrine), devenus objet d'art, donnent lieu à la contemplation et à la réflexion; de l'autre le terme *vitre* nous rappelle aussi le *miroir* et les reflets. La surface réfléchissante des flaques d'eau relie ainsi les paragraphes précédents, réunissant reflet-miroir et réflexion-souvenir.

De plus, le matériau cassable de la vitre superposée à l'aile de papillon délicate, souligne la fragilité du phénomène. Un petit mouvement suffit pour faire frémir la surface, pour perturber l'équilibre précaire de l'eau stagnante. Dès qu'on transperce la couche supérieure (le miroir) de l'eau, les profondeurs sombres des flaques remonteront à la surface, nous rappelant l'origine, ce qui a causé ces flaques, à savoir le mauvais temps de la pluie. Par la roue d'une voiture faisant jaillir la boue, la flaque-miroir redevient flaque-souvenir. Le terme *souvenir* est, dans ce contexte, important pour la progression du texte; le sens étymologique est 'venir de dessous, venir de l'inconscient, revenir à l'esprit, à la mémoire'. La boue qui surgit des profondeurs, nous rappelle la couleur sombre, le *gris* et le *noir* du début du texte. De plus, tout comme la clarté de l'éclaircie se fait brusquement (*comme la pulpe éjectée d'un raisin noir*), la couleur sombre se fait également d'une manière abrupte (*il suffit d'une roue de passage pour en faire **jaillir** la boue*). Voilà les temps sombres qui reviennent, la fin de l'éclaircie et la fermeture – en construction cyclique – du poème.

1.4 Les trois phases de l'éclaircie

Dans un sens, en effet, la structure même du texte est dérivée indirectement du mot noyau qu'est le titre. L'ordre des trois paragraphes présente une structure cyclique, où le deuxième paragraphe occupe une position intermédiaire significative. C'est que l'ordre des trois paragraphes nous offre un mouvement linéaire du texte comparable au mouvement chronologique du phénomène décrit.

Le premier paragraphe nous raconte le passage du gris sombre à la clarté, le deuxième paragraphe s'attarde un moment sur le lien entre le beau et le mauvais temps et le troisième paragraphe rappelle le noir sombre qui resurgit. C'est là une construction cyclique en trois mouvements tout à fait caractéristique du phénomène décrit, ce qui est encore mis en relief par les mots terminant chaque phrase:

I. PASSAGE: *noir* → *disparu* → *miroirs* (flaque d'eau)

II. ARRÊT/REFLET: *liaison entre deux états* → *épanchement terminé*

III. PASSAGE: *placée sous vitre* (flaque d'eau) → *jaillir de la boue*

Dans ce contexte, il est remarquable que chaque paragraphe constitue une unité non seulement sémantique et typographique, mais aussi sonore, chaque paragraphe étant caractérisé par d'autres sonorités frappantes. En même temps on constate que les paragraphes un et trois ont des liens non seulement sémantiques, mais aussi phoniques, tandis que le deuxième paragraphe constitue une exception sur le plan sonore. Unité et comparabilité sonores des paragraphes soulignent donc la structure cyclique représentée ci-dessus. Si le premier paragraphe réunit les mots clefs: *noir*, *miroir*, *souvenir*, le dernier paragraphe reprend ces sonorités pertinentes dans: *sous vitre*, *boue* et *roue*, tandis que les sonorités du deuxième paragraphe sont de nature toute différente: les lueurs de l'éclaircie y résonnent dans des nasales abondantes.

De plus, la position intermédiaire du deuxième paragraphe peut être considérée comme un signe mimant le phénomène même de l'éclaircie. Nous avons constaté déjà le caractère statique de la syntaxe de ce paragraphe, où deux observations parallèles et redondantes soulignent l'arrêt momentané. Non seulement l'image des flaques d'eau constitue une *liaison*, mais aussi tout le texte du deuxième paragraphe qui, se trouvant entre les deux autres paragraphes, semble représenter le caractère passager de l'éclaircie elle-même. L'éclaircie ne peut durer et sera terminée par la roue qui fait jaillir la boue noire, réminiscence des temps sombres de la pluie et tache d'encre finissant le texte.

Tout ce texte de Ponge peut donc être considéré comme "l'expansion d'une phrase-matrice elle-même générée par le mot-noyau". Le mot-noyau, c'est le titre *Eclaircie en hiver*, dont plusieurs sèmes seront actualisés dans de nouveaux syntagmes dont, ensuite, seront exploités d'autres sèmes. En même temps une filiation sonore souligne ce jeu paradigmatique. "Le mot fait boule de neige" a dit Riffaterre, jeu qu'il ne faut pas appeler avec Karlheinz Stierle un "réductionnisme linguistique", incapable de postuler "la double articulation du langage et de l'expérience". Au contraire, comme l'affirme Riffaterre: "le monde n'est connu que par le langage".[3] L'opposition clair–obscur, le caractère abrupt et passager du phénomène, la clarté transparente qui est un moment précaire entre deux moments sombres, tout cela souligne le caractère momentané du phénomène (ainsi que du texte) en question. Il s'agit, en effet, d'un bref moment de clarté, d'un éclaircissement (climatologique et textuel!) qui ne peut durer; l'éclaircie ne dure que le court moment du texte qui l'évoque.

Si dans ce chapitre l'accent a été mis surtout sur la motivation interne, c'est-à-dire sur "la surdétermination linguistique" ou "la matrice tautologique", dans le chapitre suivant sera mise en avant la motivation externe, c'est-à-dire la ressemblance du texte et du sujet décrit, ou le "mimétisme" pongien.

---

[3] Cf. la discussion dans *Cerisy*, pp. 86–87.

Chapitre 6. Iconicité et motivation*

1. Le signe iconique peircien

Si dans l'usage commun le signe linguistique est conventionnel, arbitraire et immotivé vis-à-vis de la réalité non linguistique qu'il dénote, dans la poésie pongienne se manifeste la tendance à motiver, autant que possible, les signes linguistiques et sémiotiques. Après avoir donné dans le chapitre précédent une illustration du fait que Ponge, autant que possible, vise à motiver le signe par des rapports intralinguistiques, il est temps d'envisager aussi le rapport entre signe et référent. Outre les rapports purement linguistiques et la motivation interne au niveau de la langue, la poésie pongienne tend à une motivation externe, c'est-à-dire à un rapport non arbitraire entre texte et objet décrit.

On le sait, à propos de ce sujet, Ponge lui-même a fait des observations en parlant d'"adéquation" ou en s'exprimant comme suit: "Il ne s'agit pas de 'rendre', de 'représenter' le monde physique, si vous voulez, mais de *présenter* dans le monde verbal quelque chose d'homologue".[1] Pour parler du phénomène en question, la critique a employé une terminologie assez variée: "mimo(typo)graphie", "motivation", "analogie", "écriture imitative" ou "figuration en miroir".[2] Ce qui – dans ce cadre – est

---

* Version remaniée de Tineke Kingma-Eijgendaal, "'L'adéquation' iconique de l'oeuvre à l'objet: le travail sur 'L'Ardoise'", dans Franc Schuerewegen, *Francis Ponge*, Amsterdam-Atlanta, Rodopi, 1996 (= CRIN 32), pp. 85–98.
[1] *Entretiens*, p. 48.
[2] Cf. à ce sujet surtout: Gérard Genette, *Mimologiques. Voyage en Cratylie*, Paris, Seuil, 1976, pp. 377–381; Michel Collot, *Francis Ponge entre mots et choses*, Paris, Champ Vallon, 1991; Claude Evrard, *Francis Ponge*, Paris, Belfond, 1990, notamment chapitre 3; Thomas Aron, *L'Objet du texte et le texte-objet. La Chèvre de Francis Ponge*, Paris, Les Editeurs français réunis, 1980, surtout pp. 92–102, et Jean-Marie Gleize, "La poésie mise en orbite, Francis Ponge", dans *Poésie et figuration*, Paris, Seuil, 1983, pp. 157–191.

assez surprenant, c'est que le terme d'"iconicité" ne soit guère utilisé. Ce terme d'origine peircienne semble pourtant tout à fait approprié pour décrire les jeux de miroir entre texte et objet. C'est par le signe iconique que Ponge veut échapper au caractère conventionnel et codifié du langage, ainsi qu'à l'arbitraire du signe. Reformulons donc avec Tzvetan Todorov la question qui nous préoccupe: "Comment la poésie peut-elle être imitative, alors que ses signes sont arbitraires?",[3] ou, en termes peirciens: Comment le poète réussit-il à changer les *symboles* en *icones*?

Selon le rapport entre signe et référent, la théorie générale de Peirce distingue trois sortes de signes: *le symbole*, fondé sur un rapport conventionnel (et qui – ainsi défini – représente donc aussi le signe linguistique saussurien), *l'indice*, fondé sur un rapport existentiel de contiguïté (par exemple la girouette ou la fumée indiquant respectivement la direction du vent et la présence du feu), et *l'icone*, fondé sur un rapport de ressemblance (par exemple le portrait, la photo ou la carte géographique).[4]

Ce signe iconique, on le rencontre à coup sûr dans les calligrammes et dans la poésie concrète, où par leur disposition, les lettres esquissent les contours de l'objet en question; la spatialisation des mots et des lettres nous fournit donc le dessin, *l'image* de l'objet. Comme le dit Mihai Nadin: "[...] la poésie concrète n'est pas faite de vers et, si les mots peuvent encore parfois être identifiés comme tels, ils ne participent pas à la poésie concrète dans leur qualité de mots, mais de *signes* des mots, refusant leur sens littéral, en assumant de nouveaux, motivés du point de vue esthétique et non sémantique".[5] Ainsi, Mihai Nadin donne un exemple particulièrement intéressant de poésie concrète, où le mot allemand *weiss* est reproduit trois fois: d'abord presque entièrement lisible, puis à moitié effacé et finalement à peine perceptible, ce

---

[3] Tzvetan Todorov, *Théories du symbole*, Paris, Seuil, 1977, p. 171. Le chapitre 5 de ce livre, intitulé "Imitation et Motivation", comporte une réflexion importante – à partir de Lessing – sur la capacité imitative des différents arts, qui utilisent des signes de nature différente. Nous n'avons pas voulu compliquer la discussion par la distinction, sémiotiquement très importante, entre signes naturels et signes conventionnels.

[4] Charles Sanders Peirce, *Collected Papers*, Harvard U.P., 1931–1935, particulièrement vol. II *Elements of Logic*, chap. 3 "The Icon, Index and Symbol". On sait que l'oeuvre de Peirce n'est pas très accessible. Une sélection de ses écrits a été faite dans *The Philosophy of Peirce. Selected Writings*, éd. Justus Buchler, New York, AMS Press, 1978, dont surtout le chap. 7 "Logic as Semiotic. The theory of signs" contient l'essentiel par rapport à notre sujet. Pour l'orthographe du mot *icone*, voir la présente étude, p. 72.

[5] Mihai Nadin, "Sur le sens de la poésie concrete", *Poétique* (1980) no. 42, pp. 250–264.

qui est commenté ainsi: "Le mot (*weiss*, blanc) en train de s'effacer, [c'est] la signification qui s'éloigne du signifiant, le retour du mot à la réalité qu'il désigne, geste poétique de redécouverte du réel que la trace linguistique semble entacher".[6] Ainsi ce signe motivé est considéré comme vrai, comme convaincant, du fait même qu'on découvre la "vérité" d'un rapport unique, non codifié, voire causal ou iconique. Et le même auteur observe: "Le sens de la poésie concrète n'est pas linguistique, il ne se retrouve pas dans les dictionnaires [...] il est déterminé par chaque acte de perception".

Cela semble en opposition flagrante avec la méthode de travail de Ponge, qui consulte longuement son Littré et qui nie écrire des "calligrammes", en affirmant pourtant tout de suite qu'"il s'agit d'une forme beaucoup plus cachée".[7] En effet, s'il est vrai que Ponge n'écrit pas de poésie concrète et qu'il utilise certainement le mot en tant qu'unité linguistique, il est également vrai que chez lui le mot prend sens *aussi* dans un champ sémiotique généralisé, – ses explications en témoignent – où *est signe ce qui est perçu comme signe*. La poésie offre une variété de signes divers, qui – dans une analyse interprétative – peuvent acquérir un sens: à côté des signes linguistiques, il y a des signes paralinguistiques (l'ordre et la longueur des mots ou des segments syntaxiques), diacritiques (point, virgule, tiret, accent) et non linguistiques (spatialisation, blancs). La poésie est un système sémiotique mixte, où différentes sortes de signes peuvent devenir 'signifiants'. La critique littéraire doit, en effet, tenir compte du fait qu'un poème n'appartient pas seulement au système de la langue, mais s'intègre aussi dans le domaine plus large de la *sémiotique*, qui – on le sait – est "l'enfant de deux pères. L'un est Charles Sanders Peirce [...] L'autre Ferdinand de Saussure".[8]

---

[6] *Ibidem*, p. 252.

[7] *MCM/Pl* 533: "Pas grand-chose de commun entre cela et les calligrammes (d'Apollinaire): il s'agit d'une forme beaucoup plus cachée [...]. Et je ne dis pas que je n'emploie, parfois, certains artifices de l'ordre typographique; [...] Tout cela doit rester caché dans le squelette, jamais apparent [...]".

[8] Cf. l'article de Aart J.A. van Zoest "Interprétation et sémiotique", dans A. Kibédi Varga (éd.), *Théorie de la littérature*, Paris, Picard, 1981, pp. 240–255. C'est le mérite de Van Zoest d'avoir propagé et appliqué les idées de Peirce (notamment par son livre *Semiotiek*, Baarn, Ambo, 1978) et d'avoir donné des interprétations sémiotiques ingénieuses et fascinantes, parmi lesquelles il convient de signaler "Een semiotische analyse van Morgenstern's *Fisches Nachtgesang*", *Levende Talen* (1971), no. 278, pp. 359–377.

Or, Jeanne Martinet distingue délibérément l'icone (masculin) de l'icône (féminin avec accent circonflexe), rappelant que le dernier terme "est la forme occidentalisée du russe *ikona*, du grec médiéval *eíkona*, féminin, qui désigne les images sacrées de la religion chrétienne". Quant à la traduction en français du terme peircien, elle préfère employer le mot masculin qui "est certainement un emprunt à l'anglais *icon*", et nous avons suivi – contrairement à l'usage – son orthographe du mot.[9] Car, si l'icone suggère un lien avec l'icône religieuse, son emploi n'est pas destiné à l'hypostase divine et le terme ne désigne pas uniquement une *image*.

La concrétisation en *image* est une des formes iconiques possibles et explique que l'icone s'applique volontiers aux arts visuels. En fait, Peirce a distingué trois sortes d'*icones*. Le premier type (en effet appelé par Peirce *image*) est baptisé plus tard par Max Bense *icone topologique* et concerne la spatialité du signe et du référent; le deuxième type est le *diagramme* (appelé par Bense *icone structurel*), qui repose sur une ressemblance relationnelle: le rapport entre des éléments textuels ressemble au rapport entre des éléments du référent; le troisième type (peu développé par Peirce lui-même, mais traité avec une certaine préférence par Aart van Zoest) est *l'icone métaphorique*.[10] Négligeons provisoirement ce dernier type, très problématique à nos yeux (nous y reviendrons), et empruntons à Van Zoest la définition de base pour l'iconicité textuelle: *"Il y a iconicité dans un texte, quand on constate une ressemblance entre un signe textuel et son référent"*. Dans cette définition se trouvent trois notions problématiques: *signe textuel*, *référent* et *ressemblance*.

A la question de savoir ce que c'est qu'un signe textuel, Van Zoest répond: "Tout est susceptible d'être considéré comme un signe [...] disposition typographique [...] présence de phrases longues [...] abondance

---

[9] Jeanne Martinet, *Clefs pour la sémiologie*, Paris, Seghers, 1973, 1975, p. 60. Elle fait d'ailleurs une comparaison très intéressante entre le signe saussurien et des entités d'origine peircienne; avertissant contre le danger de la transposition des termes, elle se pose la question de savoir si une telle comparaison est légitime et possible (cf. chap. III "Le Signe").

[10] Peirce, *op. cit.*, p. 157, paragraphe 277. Cf. aussi p.159, paragr. 282 où Peirce fait observer: "Many diagrams resemble their objects not at all in looks; it is only in respect to the relation of their parts that their likeness consists". A. van Zoest a consacré un article à "L'iconicité métaphorique", dans D.W.Fokkema e.a. (éd.), *Comparative Poetics*, Amsterdam-Atlanta, Rodopi, s.d., pp. 15–31.

d'épithètes [...] longueur ou brièveté du texte", etc. "Tout ce qui peut être observé et défini est susceptible de devenir un signe".[11] On voit que la pratique sémiotique ne se contente pas uniquement des signes linguistiques, mais élargit le champ virtuel des signes. Dès qu'il s'agit de "quelque chose de perceptible qui rend manifeste autre chose qui, autrement, ne le serait pas",[12] on a affaire à un signe et cet "autre chose" est appelé communément "dénotatum", "désignatum" ou plus fréquemment, "référent".

Ce référent, selon Van Zoest, peut être "concret ou abstrait, réel ou imaginaire". Peu importe donc – dans la poésie pongienne qui nous occupe – la distinction entre la chose concrète et le concept imaginaire de la chose, vu que Ponge lui-même a précisé qu'il "s'agit de l'objet comme notion", vu qu'il place "l'objet choisi [...] au centre de [s]es 'préoccupations'". Comme l'a fait observer Claude Evrard: "la perfection ou l'idéalité des objets provient généralement chez Ponge de ce qu'ils incarnent une idée ou une valeur qui signifie et se donne en même temps que la chose, de sorte que la satisfaction qu'une telle notion suscite se confond intimement avec l'expérience même de l'objet qui l'exprime".[13]

Reste encore la notion la plus problématique dans la définition du signe iconique, celle de ressemblance. C'est surtout Umberto Eco qui a problématisé ce concept, en distinguant plusieurs acceptions comme "analogie", "motivation", "similitude", "partage des mêmes qualités ou propriétés".[14] Il souligne aussi que l'iconicité est plutôt une question de degré. C'est là un lieu commun, si l'on souligne que *ressemblance* implique forcément *différence*. Ce qui est plus intéressant, c'est le fait que le signe iconique à l'état pur n'existe guère, que l'iconicité, l'indexicalité et la symbolicité s'entremêlent (un phénomène signalé

---

[11] Cf. Van Zoest dans *Théorie de la littérature, op. cit.*, p. 246.
[12] Martinet, *op. cit.*, p. 54. La "perceptibilité" du signe (au sens large) est, selon nous, fondamentale. Si le référent peut être abstrait, imaginaire, le signe doit pouvoir être perçu matériellement.
[13] Evrard, *op. cit.*, p. 102. Cf. Ponge, *Méthodes, Pl* 531: "Dire que ce n'est pas tellement l'objet (il ne doit pas nécessairement être présent) que l'idée de l'objet, y compris le mot qui le désigne. Il s'agit de l'objet comme notion".
[14] Umberto Eco, *A Theory of Semiotics*, Bloomington-Londres, Indiana U. P., 1979, cf. particulièrement pp. 191-217. Le paragraphe 3.5.10 intitulé: "Getting rid of 'iconic signs'" traduit nettement son point de vue.

d'ailleurs par Peirce lui-même). En effet, Eco précise que la convention continue à jouer un rôle important dans la reconnaissance d'une "similitude" même visuelle, c'est-à-dire d'un icone topologique. Ensuite, la convention joue un rôle encore plus significatif dans le "décodage" des icones diagrammatiques; la "ressemblance" entre le plan de la ville et la ville même ne sera pas évidente pour tout le monde. Jeanne Martinet distingue donc: "entre les emplois stricts des termes *icone, iconique*, en référence à des relations de ressemblance et les emplois, à vrai dire plus fréquents, qui renvoient à des relations analogiques". Ces relations analogiques constituent l'*icone diagrammatique*, dont "[l']identification et, à plus forte raison, [l']interprétation correctes relèvent non de la simple expérience, mais de l'apprentissage, de l'initiation".[15]

Jakobson a cité des exemples d'iconicité diagrammatique devenus célèbres (*I like Ike*; *veni, vidi, vici*). Il s'avère que surtout l'icone diagrammatique a une grande valeur heuristique. On peut l'appliquer aussi bien à un mot qu'à une phrase, à un vers ou même à tout un texte, mais c'est, en effet, une iconicité qui n'est pas directement visible. Le cas, si fréquent chez Ponge, du mot-valise constitue aussi un bon exemple d'iconicité diagrammatique.[16]

Si Ponge, ravi, s'exclame que: "Le mot VERRE D'EAU serait en quelque façon adéquat à l'objet qu'il désigne", il est évident que nous avons besoin de toute son explication pour discerner, avec lui, la ressemblance entre la forme, la position, l'aspect sonore des lettres et certaines propriétés du verre. Certes, la ressemblance visuelle ("mimotypographie" dirait Genette) entre la forme des lettres V et U et le verre semble assez acceptable comme iconicité topologique, mais le mot en tant que tel ne ressemble pas à l'objet et le reste de l'explication de Ponge implique plutôt l'*icone diagrammatique*: la matière du verre qui serait donnée par les deux syllabes ER RE (reflet symétrique) et par la voyelle E comme la voyelle la plus muette, la plus grise, le roulement produit par le redoublement de la consonne pour la fragilité de l'objet

---

[15] Martinet, *op. cit.*, p. 65.
[16] Genette se sert de néologismes comme "mimologiques" et "mimo(typo)graphie". Il utilise à propos des mots-valise un terme peircien: "Artifice ou non, la fonction motivante du mot-valise tient évidemment à la correspondance diagrammatique entre l'amalgame de formes et l'amalgame de sens, et la force de motivation est proportionnelle à l'intimité du mélange" (*Mimologiques, op. cit.*, p. 379, note 2).

etc., etc. Toute l'explication de Ponge est une tentative de motiver analogiquement les rapports entre les lettres et les rapports dans la réalité de l'objet. Le mot est traité comme un texte, dont certains aspects sont analogues à certaines propriétés de l'objet.

Deux observations s'imposent maintenant. En premier lieu, exception faite pour le genre de ressemblance qu'on désigne par le nom d'onomatopée, il faut (ré)affirmer que les mots isolés ne ressemblent pas aux choses; ce sont plutôt les rapports entre les signes textuels – dans un sens très large –, qui peuvent *être analogues* ("ressembler") à certains rapports du référent.

En deuxième lieu, il est évident qu'il faut un effort sémiotique, une interprétation, pour trouver l'analogie entre texte et objet.

Dans cette interprétation, une certaine *métaphorisation* est souvent nécessaire pour dénoter la ressemblance entre texte et objet. Cela n'est pas grave, si le point de départ reste *le signe dans sa matérialité*. Nous préférons ne pas utiliser le terme "iconicité" pour les textes où le sens littéral est doublé d'un sens symbolique ou allégorique, parce que dans ces cas-là la ressemblance ne s'établit pas entre un signe matériel et son référent (*c.q.* entre signifiant et signifié), mais la généralisation s'opère entre deux référents (*c.q.* entre deux signifiés).[17] Si nous ne voulons point – comme Eco – nous débarrasser du signe iconique, nous préférons nous en tenir aux deux premiers types d'iconicité, où le signe matériel reste le point de départ perceptible, cela en accord avec Jeanne Martinet, qui affirme: "Un signe est quelque chose de perceptible qui rend manifeste autre chose qui, autrement, ne le serait pas". Retournons maintenant à Ponge pour une analyse de l'iconicité dans le texte qui nous occupe.

---

[17] Nous refusons le type de l'iconicité métaphorique au niveau macrostructural, où la relation de ressemblance, selon la définition de Van Zoest (dans *Théorie de la littérature*, *op. cit.*, p. 250), "ne s'établit pas entre le signe et son référent, mais entre deux référents [...]". La suite de la phrase impliquerait que la métaphore serait aussi un cas d'iconicité: "mais entre deux référents qui sont tous les deux dénotés par le même signe (comme cela se présente d'ailleurs aussi dans la métaphore propre)". Le problème est justement que les deux référents ne sont pas *dénotés* par le même signe. Van Zoest donne comme exemples des allégories ou des paraboles. Ainsi affirme-t-il que dans "la parabole du bon Samaritain [...] l'histoire, en tant que signe, n'a pas pour simple référent la charité de quelque Samaritain anonyme. Elle renvoie, *en outre*, à l'homme charitable en général, qui fait le bien en dehors de tout préjugé sectaire".

2. Polysémie et triple isotopie dans *L'Ardoise*

Si Francis Ponge, dans ses entretiens avec Philippe Sollers, a affirmé préférer "les tuiles aux ardoises", il lui est arrivé pourtant d'écrire un texte, et même un texte fascinant, sur le sujet qui, en apparence, n'avait pas sa préférence.[18]

L'Ardoise

> L'ardoise – à y bien réfléchir, c'est-à-dire peu, car elle a une gamme de reflets très réduite et un peu comme l'aile du bouvreuil passant vite, excepté sous l'effet des précipitations critiques, du ciel gris bleuâtre au ciel noir – s'il y a un livre en elle, il n'est que de prose: une pile sèche; une batterie déchargée; une pile de quotidiens au cours des siècles, quoique illustrés par endroits des plus anciens fossiles connus, soumis à des pressions monstrueuses et soudés entre eux; mais enfin le produit d'un métamorphisme incomplet.
>
> Il lui manque d'avoir été touchée à l'épaule par le doigt du feu. Contrairement aux filles de Carrare, elle ne s'enveloppera donc ni ne développera jamais de lumière.
>
> Ces demoiselles sont de la fin du secondaire, tandis qu'elle appartient aux établissements du primaire, notre institutrice de vieille roche, montrant un visage triste abattu: un teint évoquant moins la nuit que l'ennuyeuse pénombre des temps.
>
> Délitée, puis sciée en quernons, sa tranche atteinte au vif, compacte, mate, n'est que préparée au poli, poncée: jamais rien de plus, rien de moins, si la pluie quelquefois, sur le versant nord, y fait luire comme les bourguignottes d'une compagnie de gardes, immobile.
>
> Pourtant il y a une idée de crédit dans l'ardoise.
>
> Humble support pour une humble science, elle est moins faite pour ce qui doit demeurer en mémoire que pour des formulations précaires, crayeuses, pour ce qui doit passer d'une mémoire à l'autre, rapidement, à plusieurs reprises, et pouvoir être facilement effacé.
>
> De même, aux offenses du ciel elle s'oppose en formation oblique, une aile refusée.
>
> Quel plaisir d'y passer l'éponge.
>
> Il y a moins de plaisir à écrire sur l'ardoise qu'à tout y effacer d'un seul geste, comme le météore négateur qui s'y appuie à peine et qui la rend au noir.

---

[18] Francis Ponge, "L'Ardoise", dans *L'Atelier Contemporain*, Paris, Gallimard, 1977, pp. 219–220. Voir aussi *Entretiens*, p. 43: "Dans mes textes – pourquoi toujours tant de pierre? [...] Pourquoi préféré-je aussi les tuiles rondes aux ardoises?" Le terme "adéquation" est utilisé fréquemment par Ponge. Cf. par exemple *Entretiens*, p. 108 à propos de *L'Huître*; cf. aussi *Méthodes*, Pl 522, 526, 586.

> Mais un nouveau virage s'accomplit vite; d'humide à humble elle perd ses voyelles, sèche bientôt:
> "Laissez-moi sans souci détendre ma glabelle et l'offrir au moindre écolier, qui du moindre chiffon l'essuie".
> L'ardoise n'est enfin qu'une sorte de pierre d'attente, terne et dure.
> Songeons-y.

Après avoir figuré dans le recueil *Nouveau Recueil* le poème *L'Ardoise* est allé occuper une place privilégiée dans *L'Atelier contemporain*, où sont réunies des réflexions sur l'art et sur certains artistes. Rien d'étonnant à ce que *L'Ardoise* ait trouvé une place dans *L'Atelier*. L'analogie s'impose: cet atelier, lieu où l'on fabrique, où l'on essaie, où les artistes travaillent en commun, semble particulièrement bien fait pour accueillir l'ardoise de l'écolier, objet éminemment symbolique de l'écriture toujours à recommencer, après que Ponge y a passé l'éponge.

C'est dire tout de suite la polysémie du mot "ardoise" donnant lieu dans le poème de Ponge à une triple isotopie: le texte signifiant non seulement le matériau brut dont on fait des toits (la pierre feuilletée d'un gris bleuâtre), mais aussi l'ardoise de l'écolier, ainsi que celle du commerçant, sur laquelle on écrit avec de la craie et qu'on nettoie après usage. "Tout a lieu en lieu obscène" a dit Ponge, "Les plus 'pures' abstractions (formules mathématiques) n'ont lieu que par la craie écrasée sur l'ardoise ou l'encre tachant le papier".[19] L'encre de Ponge, ce texte écrit sur l'ardoise sera la manifestation matérielle du concept de l'ardoise. Le mot, union inséparable d'un signifiant et d'un signifié, représente le rapport entre matière et abstraction et a le pouvoir de référer au monde concret, au monde des choses. Ecrire ce texte = remplir l'ardoise de craie; effacer et recommencer = reconnaître (= mettre sur l'ardoise) toutes les dettes qu'a l'écrivain envers l'objet qui le préoccupe et dont les qualités cherchent à s'exprimer, à devenir parole sensible par une métamorphose adéquate, un simulacre de l'objet.

Dans ce texte, motivation linguistique et rapports iconiques avec l'objet dénoté sont à tel point entremêlés, que nous voulons d'abord entreprendre une analyse détaillée de tout le jeu textuel, pour essayer

---

[19] Ponge, *Voici déjà quelques hâtifs croquis pour un "portrait complet" de Denis Roche*, NNR 3, p. 49.

de distinguer les différentes sortes de "motivations" dans une deuxième analyse.

3. Motivation (iconique)

Le monde verbal de *L'Ardoise* nous présente dès le début une formulation apte à "réfléchir" l'objet en question. Le lien entre l'objet et le texte sur l'objet est immédiatement motivé et rendu nécessaire par un jeu de mots ("réfléchir / reflets") indiquant que la réflexion sur l'objet ne peut nous fournir grand'chose, car l'objet ne présente pas beaucoup de facettes.

> L'ardoise – à y bien réfléchir, c'est-à-dire peu, car elle a une gamme de reflets très réduite et un peu comme l'aile du bouvreuil passant vite, excepté sous l'effet des précipitations critiques, du ciel gris bleuâtre au ciel noir [...]– s'il y a un livre en elle, il n'est que de prose: une pile sèche; une batterie déchargée; une pile de quotidiens au cours des siècles, quoique illustrés par endroits des plus anciens fossiles connus, soumis à des pressions monstrueuses et soudés entre eux; mais enfin le produit d'un métamorphisme incomplet.

L'envergure de l'ardoise est limitée, comme l'aile du petit bouvreuil, dont elle possède les couleurs. Comme l'oiseau, la notion de l'ardoise risque de s'envoler vite, de disparaître, s'il n'y a pas de changement qui s'empresse de la retenir et qui fera pleuvoir une quantité de remarques; l'humidité de cette pluie qui va assombrir le ciel la fera changer de couleur, de sorte que l'ardoise passe du gris bleuâtre au noir.

Le matériau brut de cette pierre feuilletée se reflète dans une syntaxe peu structurée, les segments ne s'intégrant pas dans l'unité d'une phrase complète. L'anacoluthe de couches syntaxiques superposées nous donne l'image de l'ardoise: une liasse de feuilles sèches, voilà un sujet bien prosaïque, une batterie sans énergie, mais bien une pile de feuilles rassemblées de jour en jour pendant des siècles. C'est un journal illustré par des fossiles, le livre de la nature où se conservent péniblement le poids forcé, l'effort continu, les traces des siècles précédents. Mais la métamorphose n'est pas complète: l'ardoise n'a pas encore pris de forme unifiée, le gisement nous donne toujours une *roche métamorphique* et n'a pas abouti à une structure (syntaxique) homogène et solidifiée.

Si les qualités de l'objet lui ont suggéré des analogies intéressantes, Ponge a dit lui-même: "Les analogies c'est intéressant, mais moins que les différences. Il faut à travers les analogies saisir la qualité différentielle".[20] Cette qualité différentielle sera pour l'ardoise le feu qui lui manque, le feu qui caractérise par contre une pierre vraiment dure et précieuse: le marbre.

> Il lui manque d'avoir été touchée à l'épaule par le doigt du feu. Contrairement aux filles de Carrare, elle ne s'enveloppera donc ni ne développera jamais de lumière.
> Ces demoiselles sont de la fin du secondaire, tandis qu'elle appartient aux établissements du primaire, notre institutrice de vieille roche, montrant un visage triste abattu: un teint évoquant moins la nuit que l'ennuyeuse pénombre des temps.
> Délitée, puis sciée en quernons, sa tranche atteinte au vif, compacte, mate, n'est que préparée au poli, poncée: jamais rien de plus, rien de moins, si la pluie quelquefois, sur le versant nord, y fait luire comme les bourguignottes d'une compagnie de gardes, immobile.

L'opposition est nette. Le marbre blanc qu'on trouve dans les carrières de Carrare est fameux et se trouve en haut de la montagne. Quiconque a vu ces monts, se souvient des sommets blancs apparemment couverts de neige, mais en réalité faits de marbre, un marbre qui reflète la lumière du ciel, tandis que le gisement d'ardoise appartient à la terre. L'éclat du marbre s'oppose à l'aspect mat de l'ardoise. Si le marbre brille, l'ardoise n'est que "préparée au poli". Le marbre est donc une pierre "élevée / brillante" (en plusieurs sens), là où l'ardoise se trouve en "état d'apprentissage".

En effet, l'opposition élevé / brillant – bas / mat joue un rôle non seulement par rapport au lieu et au temps concrets (Carrare et l'ère géologique primaire–secondaire), mais met aussi en relief une valorisation, qui sera développée davantage dans le deuxième paragraphe du fragment cité, où la métaphore du marbre ("filles de Carrare") est poursuivie dans les "demoiselles" de l'enseignement secondaire, tandis

---

[20] *M/Pl* 536. A la même page on trouve aussi le fameux: "Voilà *Le Parti pris des choses. Le Compte tenu des mots* fera le reste [...]" ainsi qu'à la page 522: "PARTI PRIS DES CHOSES *égale* COMPTE TENU DES MOTS. Certains textes auront plus de PPC à l'alliage, d'autres plus de CTM ... Peu importe".

que l'ardoise suscite l'image de l'institutrice à l'école primaire, vieille fille au visage abattu et triste.

Recourant à la notion d'intertextualité, Riffaterre a fait à propos de ce poème de Ponge un rapprochement avec le vers célèbre de Du Bellay: "Plus que le marbre dur me plaît l'ardoise fine".[21] Nous aimerions étendre la portée intertextuelle du poème, en référant au poème *L'Art* de Gautier, qui – comme Ponge – parle du "carrare" en faisant plutôt l'éloge du marbre, une pierre dure, rare, précieuse, tout à l'opposé de l'argile "que pétrit le pouce" et – quant à Ponge – tout à l'opposé donc de l'ardoise qui est un schiste argileux. L'opposition élevé (brillant) – bas (mat) est doublée de l'opposition dur – mou. Il n'y a que le marbre dur qui lance un véritable défi à l'artiste; le bloc ardoisier sera délité en tranches qui ne brillent pas, sauf sous la pluie, quand la rangée des plaques se met en garde comme un toit d'ardoises qui protège, immobile, en attendant.

Mais voilà qu'un revirement se fait dans le texte; l'ardoise est valorisée plus positivement. On peut lui faire crédit. Il faut lui faire confiance, parce qu'on peut compter sur elle! L'ardoise a du crédit et nous avons du crédit grâce à elle. Ici la tablette de l'ardoise à écrire apparaît: l'ardoise du commerçant et celle de l'écolier.

> Pourtant il y a une idée de crédit dans l'ardoise.
> Humble support pour une humble science, elle est moins faite pour ce qui doit demeurer en mémoire que pour des formulations précaires, crayeuses, pour ce qui doit passer d'une mémoire à l'autre, rapidement, à plusieurs reprises, et pouvoir être facilement effacé.
> De même, aux offenses du ciel elle s'oppose en formation oblique, une aile refusée.

Comme dans *La Cruche* ou dans *Le Cageot*, c'est justement la modestie, la serviabilité, son caractère de soutien qui fait le prix de l'objet. La tablette d'ardoise est un outil sans prétentions. Au lieu de fixer des formulations pour l'éternité, et de recevoir des inscriptions

---

[21] Cf. M. Riffaterre, *Semiotics of Poetry*, Bloomington-Londres, Indiana U. P., 1978, pp. 122, 123. Outre la référence à Du Bellay, il fait d'autres observations suggestives au sujet de l'ardoise: "the slate as a dried-up old maid schoolmarm" et au sujet de l'idée de l'ère: "marble was formed in the Secondary or Mesozoic Age, so if marble be girls, then they are finishing secondary school. And since slate dates back to the Paleozoic Age, we have primary or elementary school".

immortelles, elle sert humblement à retenir un moment l'écriture à la craie, précaire, qui s'efface facilement et rapidement. Ici les sonorités ([pr], [kr], [z], dans *pr*écai*r*es, *cr*ayeu*s*es, *pl*u*s*ieu*rs*, *repris*es, les mots qui riment (*rapidement – facilement*) et les sons [f], [a], [s] dans *fac*ilement e*ffac*é) ainsi que le rythme hésitant, entrecoupé de virgules, soulignent la reprise, la tentative, le recommencement. Il semble que le sujet de l'ardoise nous échappe, évitant une confrontation directe.

Or, de même que l'ardoise supporte humblement l'écriture, le toit d'ardoises est un support patient, une aile refusée au combat, mais qui, aidée par sa position oblique, sa ligne diagonale, va plutôt détourner "les offenses du ciel" (la pluie, le vent?) que les attaquer de front. L'ardoise "fugitive" sera mouillée, l'écriture sur l'ardoise sera effacée avec une certaine insistance euphorique:

> Quel plaisir d'y passer l'éponge.
> Il y a moins de plaisir à écrire sur l'ardoise qu'à tout y effacer d'un seul geste, comme le météore négateur qui s'y appuie à peine et qui la rend au noir.

L'éponge qui d'un seul geste va essuyer l'ardoise est appelée métaphoriquement un "météore négateur". Si l'ardoise est une pierre soutenant la création d'une écriture, le météore est une pierre destructrice. Par opposition à l'ardoise dont le gisement dans la terre s'est formé patiemment durant des siècles, le météore est une pierre aérienne de surface rugueuse, un éclair rapide qui touche l'ardoise sur son passage et la "rend au noir".[22]

Voilà une vue apparemment pessimiste, une action destructrice, car on ne peut plus écrire sur l'ardoise humide, noire. Mais heureusement un changement se produit: l'ardoise change de couleur en séchant et l'état originel réapparaît.

> Mais un nouveau virage s'accomplit vite; d'humide à humble elle perd ses voyelles, sèche bientôt:
> "Laissez-moi sans souci détendre ma glabelle et l'offrir au moindre écolier, qui du moindre chiffon l'essuie".
> L'ardoise n'est enfin qu'une sorte de pierre d'attente, terne et dure.
> Songeons-y.

---

[22] Cf. le commentaire à propos de l'apparition du "météore" dans *Pluie*, *Pl* 899, note 2: "Le météore renvoie presque toujours à une cosmogonie primitive, à une manière de genèse première ou de catastrophe". Ici le "météore négateur" qui "rend au noir" l'ardoise est effacement permettant une nouvelle création.

La référence à l'objet en train de sécher se double d'une référence au langage qui devient plus 'sec': d'"humide", l'ardoise devient "humble" en perdant ses voyelles. En effet, si dans "humide" se trouvent deux voyelles, dans "humble" il n'y a qu'une nasale. Si l'on admet que les consonnes sont plus dures, plus fermes, résonnent moins que les voyelles, on pourrait affirmer qu'il y a moins de résonance, que le langage devient plus sec, dès qu'on passe de "humide" à "humble", c'est-à-dire, dès que l'ardoise va sécher et retrouver son état gris du début. Ponge lui-même a comparé les consonnes à un squelette, dur et sec donc et en opposition avec les voyelles, qu'il compare (en faisant une allusion à Mallarmé) à la chair.[23]

Or, le texte sur l'ardoise arrive à sa fin et retourne à l'origine. Quelle détente! L'ardoise-texte (ou l'écrivain s'identifiant à son écriture?) prend la parole pour dire qu'il n'est plus nécessaire de se casser la tête, ni de froncer les sourcils; l'écolier peut lui essuyer le front avec le moindre chiffon. Arrivé à la fin, l'objet séché, tari, n'est qu'attente, prêt à servir de nouveau, parce que c'est là son caractère.

L'impératif "songeons-y" reprend donc le début du texte qui était aussi une invitation à réfléchir. Recommençons la réflexion sur un objet modeste qui n'a que peu de reflets; effaçons nos réflexions et recommençons à nouveau et à l'infini, parce que l'ardoise vide nous invite à la remplir de sens et ensuite à effacer le sens, comme la cruche est un creux qui sera rempli et vidé et rempli et vidé à nouveau. Voilà le caractère de ces objets, une démarche cyclique qui sera mimée par le texte qui les exprime. Nous aussi, nous pourrions recommencer la réflexion sur *L'Ardoise*, un texte tellement riche, qu'il semble impossible d'en épuiser le sens. Essayons finalement de distinguer le jeu générateur linguistique (paragraphe 4) des rapports plutôt iconiques (paragraphe 5) que nous avons relevés dans ce texte.

4. Surdétermination

Comme dans *L'Eclaircie*, c'est à partir d'un mot ou d'une partie du mot (le signifié, le signifiant, un sème, une connotation) que d'autres

---

[23] Cf. *Entretiens*, p. 66, Ponge citant Mallarmé à propos des mots anglais: "Le mot, dit Mallarmé, présente, dans ses voyelles et ses diphtongues, comme une chair".

séries de mots sont "engendrées". Ainsi on découvre la filiation entre, au moins, sept séries:

> 1. réfléchir – reflets – précipitations critiques – idée de crédit – détendre ma glabelle – songeons-y.

Ce sont des termes qui s'insèrent dans le champ sémantique de l'idée, de la réflexion. En même temps, il s'agit d'un jeu de mots sur la polysémie de "réfléchir", "précipitations", "critique" et "crédit".

> 2. livre de prose – pile sèche – une pile de quotidiens illustrés – pressions monstrueuses – fossiles – métamorphisme incomplet.

C'est la métaphore bien connue du "livre de la nature", qui est motivée en général par l'idée de signe / symbole, lecture / interprétation et celle de feuille. Riffaterre cite à ce sujet Claudel: "liasse de feuilles noires arrachée aux archives de la nature", mais on pourrait penser aussi à Baudelaire et à Mallarmé.[24] Le lieu commun s'applique à l'ardoise, parce que c'est un schiste, c'est-à-dire une pierre feuilletée. Ce *tas* de feuilles appelé "livre de prose" va motiver l'apparition synonymique de *pile*, ainsi que celle de "sèche" et de "quotidiens" (prosaïque). Ce livre prosaïque garde pourtant des traces de la nature ("fossiles" dus à des "pressions monstrueuses"), qui ne parviennent pas à se transformer vraiment ("métamorphisme incomplet") et possède un lien métonymique avec l'idée de l'imprimerie et du labeur pénible et soutenu ("pressions"), ainsi qu'avec la périodicité du temps ("quotidiens").

> 3. pile sèche – batterie déchargée – manque de feu – abattu.

C'est la polysémie de "pile sèche" qui donne lieu à "batterie déchargée"; l'autre acception de "pile sèche" évoque le synonyme de la batterie sans feu, dont le sens figuré entraîne le terme "abattu".

> 4. filles de Carrare – demoiselles du secondaire ↔ établissements du primaire – institutrice de vieille roche – écolier.

---

[24] Riffaterre, *Semiotics, op. cit.*, p. 122, voit, lui-aussi, dans l'utilisation de cette image un cliché: "I rather suspect that Claudel, like Ponge, was using images already stereotyped".

Métaphore et métonymie se combinent dans les "filles de Carrare" et différents sèmes (féminité + âge) réunissent et opposent la série de termes "filles", "demoiselles", "institutrice de vieille roche". Le lien métonymique est évident pour les "établissements du primaire", "l'institutrice" et "l'écolier", ainsi que la polysémie pour le "primaire" et le "secondaire" (école/ère).

> 5. plaisir à écrire ↔ plaisir d'y passer l'éponge – effacer – négateur – rend au noir.

C'est l'antithèse écrire / effacer qui engendre cette série, où la redondance des termes qui traduisent l'effacement est significative du plaisir de l'effacement, un plaisir encore plus grand que celui de l'écriture.

> 6. sécher – essuyer.

Après le travail de l'écriture, l'ardoise humide va sécher et l'écrivain s'essuie le front humide. Le texte engendre donc une connotation commune: effacer les traces humides causées par le travail.

> 7. au cours des siècles – secondaire – primaire – pénombre des temps – vieille roche – pierre d'attente.

Si l'âge = l'époque, la période, jouait déjà un rôle (cf. 4), ici l'ère est liée à la durée du temps, ainsi qu'à l'attente. "La pierre d'attente" qu'est l'ardoise évoque connotativement l'origine et la destinée ultime de cette pierre: étant formée durant des siècles, elle a pris forme finalement dans l'objet, la tablette, qui a pour fonction d'attendre l'écriture.

Métaphore et métonymie, polysémie et synonymie, antithèse, sèmes et connotations, voilà quelques exemples (on pourrait en ajouter d'autres) du jeu linguistique "générateur" du texte.

Motivation linguistique donc, qui n'est pas forcément iconique. Si un signe iconique est toujours motivé, l'inverse n'est pas le cas: le signe motivé n'est pas toujours iconique, c'est-à-dire que la motivation du signe ne se fait pas forcément par ressemblance, elle s'effectue de manières fort diverses. La motivation est donc le phénomène plus large qui englobe l'iconicité. Essayons de préciser et de résumer maintenant les signes (para)linguistiques considérés comme jeu proprement iconique.

5. Iconicité du travail sur *L'Ardoise*: le cycle de l'écriture

Dans l'entassement et la longueur inégale des paragraphes du texte entier se reflète le propre du schiste ardoisier; après chaque phrase, Ponge revient – en retrait – à la ligne (il n'y a qu'un seul alinéa se composant de deux phrases principales). Les couches syntaxiques superposées sont particulièrement sensibles au début du texte, où apparaît cette pierre feuilletée dans une anacoluthe syntaxique, une forme non achevée, figurant cette pierre métamorphique d'une forme irrégulière. Non seulement le début du texte coïncide avec l'origine du matériau brut, mais la formation se fait au cours des siècles et constitue donc un travail séculaire et pénible, soumis à des pressions énormes, ce qui explique la longueur de ce premier paragraphe qui n'arrive pas à former (ni à formuler) le sujet. En plus, la fin du texte coïncide avec l'effacement de l'écriture sur l'objet, imitant dans la structure cyclique du texte le fonctionnement même de l'objet en question. D'ailleurs, vu la lente filiation dans les idées ("l'anagrammatisation") pour la création de l'écriture sur l'ardoise, on pourrait considérer l'élément destructeur, l'éponge-météore, comme un élément "tombant du ciel", qui n'a pas été préparé par une série de termes précédents, mais c'est précisément ce qui justifie la métaphore. Par rapport à l'écriture et à la réalité, la présence soudaine, abrupte de l'antipode de la "pierre d'attente" est alors motivée. Bref, toute notre paraphrase interprétative de *L'Ardoise* a voulu rendre compte de ce matérialisme "iconique" du mouvement du texte de Ponge.

On comprend la fascination que l'ardoise exerce sur Ponge. Si, en général la correction de l'écriture signifie un "ajout", de sorte que Ponge (qui aime nous présenter le processus, l'activité même de l'écriture) nous offre souvent plusieurs versions, plusieurs brouillons devenant ensemble un texte prolongé, mobile, la "formulation en acte" n'est jamais si bien illustrée que par cette écriture sur ardoise, toujours révisable.[25] Evoquer à la fin du texte ce geste "négateur", pertinent, propre à l'objet, c'est imiter sur le plan de la langue le cycle obligatoire

---

[25] Cf., à propos du texte comme "moviment", Gleize, *op. cit.*, p. 160: "l'expression est un processus, une activité qui ne saurait, légalement, connaître de terme; toute formulation est provisoire, retournable ou amendable. La F.A. [= formulation en acte] c'est cela".

de l'écriture, de l'effacement et du recommencement, qui constitue également la fonction réelle de l'ardoise.

Regarder cette imitation sur le plan de la langue implique forcément qu'on regarde attentivement les signes linguistiques eux-mêmes, ce qui rend impossible un "réalisme naïf" où la langue "transparente" s'efface pour donner lieu à la réalité évoquée. Comme l'ont fait observer les New Critics: "Poetry by thickening the medium increases the disparity between itself and its referents. Iconicity enforces disparity".[26] En d'autres termes: si le poète essaie de convertir le symbole en icone et donc de convertir le rapport conventionnel en un rapport de ressemblance, c'est paradoxalement cette *ressemblance* qui attire l'attention sur la *disparité* de la langue et de la réalité. C'est là le matérialisme de Ponge, qui n'écrit pas de poésie réaliste bien appropriée à l'objet. C'est plutôt par l'"hyperréférentialité" iconique qui est en même temps une "hypertextualité" bien consciente, que Ponge nous donne – comme il l'a dit lui-même – *l'objoie* et *l'objeu*.[27]

---

[26] W.K. Wimsatt, jr., *The Verbal Icon. Studies in the meaning of poetry*, Londres, Methuen, 1970, p. 217. Roman Jakobson a dit quelque chose d'analogue à propos de la fonction poétique dans son célèbre article "Linguistique et Poétique": "Cette fonction, qui met en évidence le côté palpable des signes, approfondit par là même la dichotomie fondamentale des signes et des objets". (*Essais de linguistique générale*, Paris, Minuit, 1963, p. 218).

[27] Nous empruntons les termes "hyper-référentialité" et "hyper-textualité" à Raymond Jean, *Cerisy*, p.194. Pour *objoie* et *objeu*, cf. par exemple *Entretiens*, p. 141 et pp. 190–192.

Chapitre 7. Fabriquer *Le Pré*. Rhétorique et iconicité du dernier Ponge*

1. *Le Pré*: préliminaires

Dans l'abondante production littéraire du dernier Ponge, *La Fabrique du Pré*[1] tient, de par son caractère hétérogène, une place spéciale. Cet ensemble de textes a été publié en 1971 par les éditions Skira dans leur collection d'art "Les sentiers de la creation". Regardons, pour commencer, le côté matériel de cet ensemble. Celui-ci se compose de quatre parties:

> 1. un texte d'introduction, ayant pour titre celui de la collection. Ce texte se compose, selon la façon bien pongienne, de quelques brefs fragments, datés du 23 mars 1970 au 11 juillet 1970.
>
> 2. le fac-similé des brouillons tant manuscrits que dactylographiés que Ponge avait faits en vue de sa publication du *Pré*. Ces brouillons, datés du 11 août 1960 au 23 juillet 1964, sont ponctués d'illustrations en couleurs, d'origine fort diverse, ayant pour épigraphe telle citation prise dans les brouillons.
>
> 3. le poème *Le Pré* proprement dit, imprimé sur papier brun (*FP* 187–195). Ce poème avait été publié auparavant dans la revue *Tel Quel* (été 1964, no. 18), ainsi que dans sa version dite "définitive" dans *Le Nouveau Recueil* (Gallimard 1967).
>
> 4. la transcription des brouillons, imprimée sur papier vert (*FP* 197– 265).

Cet ensemble (littéralement) bariolé est représentatif de l'écriture pongienne: il reprend les grands thèmes de l'oeuvre antérieure; il les

---

* Ce chapitre a été publié dans *Romanische Forschungen* 111 (1999), pp. 355–377.
[1] Nous utilisons l'abréviation: *FP*.

transforme et les développe, annonçant ainsi les dernières évolutions de l'oeuvre. En outre, l'ensemble est hautement informatif, parce qu'il nous renseigne sur une période spécifique, 1960–1970, de l'activité littéraire de Ponge, marquée par ses contacts avec *Tel Quel*. Cependant, malgré l'autorisation que Ponge avait donnée à sa publication, cet ensemble pose des problèmes majeurs qu'il conviendrait d'élucider avant de passer outre. Voici donc la démarche que nous proposons au lecteur: après avoir passé en revue les problèmes éditoriaux et autres que soulève l'ensemble (2), nous procéderons à une analyse nécessairement sommaire des parties constituantes (3, 4, 5 et 6), pour, enfin, émettre quelques hypothèses au sujet de leur place dans les rapports de Ponge avec *Tel Quel* (7).

2. *La Fabrique du Pré* dans une perspective éditoriale

La critique pongienne a déjà émis ses réserves au sujet de la pratique éditoriale qui était à la base de l'ensemble. Ainsi, J.-M. Gleize et B. Veck[2] notent que pour la transcription des brouillons les éditions Skira n'ont pas suffisamment et systématiquement tenu compte des nombreuses ratures, parenthèses, additions et notes marginales dont sont émaillés les brouillons. En outre, ils notent la sélection non motivée qu'ont opérée les éditions Skira dans les brouillons disponibles (il en manque trente-trois, selon Gleize et Veck) et l'ordre chronologique des brouillons n'est pas toujours respecté, — ce qui vaut d'ailleurs aussi pour le texte préfaciel de *La Fabrique*, mais là la rupture de l'ordre semble être voulue par Ponge, et elle a un sens profond, comme nous allons le voir (6). De plus, Gleize et Veck notent l'arbitraire dans la sélection des illustrations, dont certaines auraient été suggérées par Ponge lui-même et d'autres par les éditions Skira. En effet, la question se pose de savoir si l'on doit prendre en considération ces illustrations qui, selon nous, non seulement illustrent, mais aussi (sur)interprètent certains fragments textuels pris dans les brouillons.[3]

---

[2] Jean-Marie Gleize et Bernard Veck, *Francis Ponge: Actes ou textes*, Lille, P.U., 1984, pp. 104 sq. et pp. 163–166.
[3] Citons, à titre d'exemple, la reproduction de la tapisserie représentant une licorne captive au collier (*FP* 62). Cette tapisserie fait partie d'une série de tapisseries, intitulée *La Chasse à la licorne* (New York, Metropolitain Museum of Art). L'existence d'une autre série apparentée de tapisseries, la célèbre *Dame à la licorne* (Paris, Musée de

Or, le statut des brouillons eux-mêmes demande à être précisé. Il n'est pas impossible que ces brouillons servent tout simplement à faire mieux comprendre le texte définitif du *Pré*. Le désir d'expliquer son propre texte par la publication de ses brouillons a été peut-être insufflé à Ponge par la réaction des premiers lecteurs qui ont fait preuve d'embarras devant la densité, voire l'hermétisme du *Pré*. Ainsi, dans une interprétation publiée en 1970, un lecteur aussi avisé que R. M. Greene doit avouer ne pas avoir compris plusieurs détails textuels — tous détails sur lesquels la lecture des brouillons l'aurait largement renseigné.[4]

Cependant, après réflexion, le statut ontologique de l'ensemble reste plutôt problématique. Vu les publications antérieures du texte définitif du *Pré*, cette *Fabrique du Pré* devra-t-elle être lue comme un seul texte complexe, en d'autres termes, les brouillons publiés ont-ils encore le statut de brouillons ou sont-ils devenus "texte" autant que le texte *Pré*? Quels rapports l'auteur a-t-il voulu établir entre les différentes parties de *La Fabrique*? Faut-il croire Ponge sur parole, quand sur la couverture du livre il proclame d'une part son ignorance de ce que sera son livre, et que d'autre part il se présente comme "un vieux professionnel de la démystification à outrance", en donnant au lecteur toute la liberté de faire usage de "ce fatras" et en affirmant qu'il s'agit "de la prostitution"? Voilà quelques questions essentielles sur lesquelles nous allons revenir dans les paragraphes qui suivent, sans pour autant prétendre les élucider toutes.

Un autre problème d'ordre éditorial auquel tout lecteur sérieux de Ponge se voit confronté, concerne le texte même du *Pré*. Quelle est l'édition à suivre? Faut-il se fier à la première édition de *Tel Quel* (qualifiée de "préoriginale" par Gleize et Veck)?[5] Ou faut-il suivre la version "definitive" de Gallimard, ou peut-être l'édition Skira? Si les trois versions sont identiques du point de vue textuel, elles se distinguent par leurs mises en pages. Dans l'édition Skira, l'éditeur n'a respecté

Cluny), a peut-être suggéré à Skira l'idée de choisir cette image pour illustrer telle phrase énigmatique, prise dans les brouillons: "comme le cou de la belle au collier".

[4] L'article de Robert W.Greene, "Francis Ponge, métapoète", réédité dans *Les Cahiers de l'Herne*, 1986, pp. 452–467, avait été publié pour la première fois en anglais dans *Modern Language Notes* 85 (mai 1970), no. 4, avant la parution donc de *La Fabrique du Pré*.

[5] Gleize et Veck, *op.cit.*, p. 94.

aucune distinction dans l'emploi des blancs interlinéaires entre les différentes parties du texte, alors que les deux autres éditions distinguent entre des blancs plus ou moins grands, permettant ainsi d'identifier dix parties. L'édition Gallimard, de son côté, a d'autres inconvénients, tenant à l'étroite mise en pages. Celle-ci, trop exiguë, ainsi que l'utilisation quelque peu arbitraire des crochets, ne facilite pas la distinction entre certaines dispositions irrégulières, voulues de Ponge, les vers d'une certaine longueur (que l'éditeur a dû couper en fin de ligne) et la partie en prose (qui a la même marge que les parties en vers). Ce qui fait donc que nous prenons comme texte de base l'édition *Tel Quel*, qui, en introduisant des marges différentes, fait bien la distinction entre vers et prose; de plus les vers ne sont pas coupés et les deux formes de blanc entre les strophes sont respectées.

Si l'on peut considérer que, pour la plupart des écrivains, de telles remarques éditoriales seraient des broutilles, manquant de fond et de valeur, cela ne vaut pas pour Ponge, pour qui la spatialisation typographique est de la plus haute importance. Ce sont là des questions qui préoccuperont non seulement tout éditeur de texte, mais aussi la critique génétique, pour qui l'oeuvre pongienne constitue l'un des points majeurs de référence.

Cela dit, il est temps de passer à l'analyse des parties, mais non pas sans avoir dit préalablement un mot sur le titre de l'ensemble: *La Fabrique du Pré*. Pourquoi Ponge a-t-il choisi le mot *fabrique*?

3. Polysémie du titre

La critique pongienne n'a pas encore suffisamment noté l'importance du mot *Fabrique*. D'abord, Ponge, dans le titre *Fabrique du Pré*, met en exergue l'ensemble de ses initiales "F" et "P", tout comme il a signé de son nom *Le Pré* moyennant une épitaphe typographique, où, ajoute-t-il, le *F*enouil et la *P*resle "croîtront dessus" (*FP* 195). Puis, si l'on consulte le *Littré* ou un dictionnaire latin–français (comme Ponge a coutume de le faire pour tout mot-clef qu'il utilise), on constate vite les différentes significations qui jouent dans *fabrique*. Ce mot, au sens actif de "fabrication" indique comment *Le Pré* a été fabriqué, de jour en jour, d'un brouillon à l'autre. Le fac-similé de ces brouillons permet au lecteur de reconstruire, jusque dans les détails, cette fabrication. Cette activité herméneutique demandée au lecteur à partir des avant-textes publiés est une des constantes de l'écriture pongienne. Comme l'a remarqué Franc Schuerewegen, "il n'est pas de lecteur pongien qui ne soit pas généticien. [...] Lire Ponge, n'est-ce pas, qu'on le veuille ou non, s'intéresser à la genèse de l'oeuvre? Et l'oeuvre pongienne existe-t-elle indépendamment de sa genèse?"[6]

Fabrique a aussi le sens plutôt passif de "structure", tel qu'on le trouve par exemple dans l'un des grands livres de la Renaissance: le *De humani corporis fabrica* (1543) d'Andreas Vesalius. Ce célèbre atlas anatomique, aux planches magnifiques, que Ponge, en tant que spécialiste du préclassicisme, a dû connaître, ne montre pas tant la "fabrication" (la création) du corps humain que sa structure (sa texture). De même, *La Fabrique du Pré* nous informe sur la structure et la sémantique du *Pré*, fournissant au lecteur d'inappréciables éléments d'interprétation. Les différentes parties ont augmenté un texte qui est devenu texture, l'ensemble est devenu le "monument du moviment".

La troisième dénotation de *fabrique*, au sens de "lieu de production", "usine" ou "atelier" (on pense évidemment à *L'Atelier contemporain*, autre recueil de Ponge), met l'accent sur l'aspect "productif" du *Pré*. Ce texte est, en effet, producteur d'un grand nombre d'autres textes: ses brouillons publiés, son métatexte préfaciel, son imitation thématique dans l'oeuvre pongienne ultérieure et les réflexions et interprétations des lecteurs (dont nous-mêmes). Cette dénotation souligne donc, encore une fois, la part active du lecteur dans le travail de l'interprétation.

Cette triple signification, qui entraîne une réflexion sur la triple temporalité du texte — son passé (genèse), son présent (structure) et son futur (production) — se double d'une quatrième acception de *fabrique*, *fabrica*: ces mots impliquent qu'il ne s'agit pas d'un objet naturel mais d'un objet *artificiel*. Le *Pré* est une imitation plus ou moins trompeuse de la nature. Nous sommes ici en présence d'une thématique qui parcourt l'oeuvre entière de Ponge: l'adéquation problématique entre mot et chose, comprise dans la formule célèbre: "PPC égale CTM". Cette adéquation problématique se trouve dans le titre de l'ensemble: comme le mot *pré* ne se distingue pas typographiquement des trois autres mots du

---

[6] Franc Schuerewegen, " 'A l'état naissant': la génétique textuelle", *Rapports–Het Franse Boek* 65 (1995), p. 38.

titre (*La Fabrique du*), il reste ambigu si *Pré* se rapporte au poème *Le Pré* ou à l'objet "pré". Cette ambiguïté se retrouve à tout moment dans le poème *Le Pré*, comme nous allons le voir dans le paragraphe suivant.

4. Lecture du *Pré*

4.1 Lecture globale du *Pré*

Ce que nous proposons dans le présent paragraphe, c'est de faire, dans l'ordre de la lecture du poème et en recourant, si nécessaire, aux brouillons, une interprétation globale des grands thèmes ainsi que des procédés stylistiques du poème, pour autant que ceux-ci n'ont pas été (suffisamment) relevés par la critique. Ce que celle-ci, jusqu'ici, a noté à propos du *Pré* concerne surtout le jeu déjà mentionné sur l'adéquation mot-chose, la paronomase quasi-étymologique ("Pré, paré, pré, près, prêt"), la typographie figurative des dernières lignes du texte et l'autoréflexivité linguistique ("préfixe des préfixes, / Préfixe déjà dans préfixe, présent déjà dans présent"), laquelle est du même ordre que l'ouverture célèbre de *Fable*: "Par le mot par commence donc ce poème". De plus, on trouve dans *Le Pré* de nombreuses réminiscences d'autres poèmes, poèmes tantôt mentionnés par Ponge dans les brouillons (*Le Carnet du Bois de pins*, *Le Galet*), tantôt suggérés par des analogies implicites, relevées notamment par Gleize et Veck (*De l'eau*, *La Mousse*, *La Terre*) et par Philippe Met[7] (*Cycle des saisons*, *Faune et flore*) et auxquels nous pourrions encore ajouter des textes comme *La Pluie* et *Végétation*.

Commençons notre analyse par les aspects formels du texte. Ce que le lecteur, habitué aux poèmes en *prose* de Ponge, aura tendance à négliger, c'est que *Le Pré* est écrit presque entièrement en vers libres qui, souvent, sont liés par des assonances se rapprochant parfois de la rime. Dans plusieurs parties domine l'alexandrin, alternant avec l'octosyllabe et l'hexasyllabe.

Au début du texte, par une récurrence sonore et sémantique, les mots clefs se présentent de façon insistante: *préparons*, *page*, *propos*, *pré*. En effet, les allitérations et assonances semblent reprendre – assez

---

[7] Philippe Met, "Francis Ponge ou la fabrique du (lieu) commun", *Poétique* (1995), no. 103, pp. 303–318.

significativement – surtout les sons p/r/é et p/r/o, d/i (de *dire*) et p/a (de *page*): *pro*pose, *di*sposés, *pa*radis, *pré*, *di*re, d'aujou*rd*'hui, servi, *pro*pos, *pa*rce que, *p*lus, *p*lat, *pa*role, *p*lutôt, *p*einture, *p*rendre, *page* (4 fois), *pré*, *pré*parons, *p*uisse, ce qui aboutit à la fin de la deuxième partie à l'écho sémantique et sonore: "notre nature nous a préparés (à) un pré". On constate, de plus, des mots qui riment comme *justement*, *nullement* et *autrement* et une deuxième chaîne sonore signicative: *ve*rt, *fai*re, na*î*tre, *vé*rité, *ve*rte. Le mot "brune" – le dernier mot d'un alexandrin après trois vers de six syllabes et ne se rattachant pas du point de vue sonore aux autres mots – est fortement mis en relief, soulignant l'importance de la *page brune*, le sol où poussera le *pré vert*.

Par sa versification, l'avant-dernière partie est la plus classique: si le premier vers ("L'oiseau qui le survole en sens inverse de l'écriture") compte quatorze syllabes, les huit vers suivants sont des alexandrins. Non seulement ces vers ont beaucoup d'assonances, ils sont liés aussi par la rime (intérieure): *écriture–déchirure, rappelle–différentielle, contradiction–signification–décision*) et ces rimes sont de nouveau de véritables mots clefs résumant en quelque sorte le fil argumentatif.

La forme versifiée est d'ailleurs remarquable à plusieurs points de vue. Non seulement moins fréquente que la prose dans l'oeuvre pongienne, elle y est en outre rarement liée à la conception rhétorique qui est à la base de la plupart de ses poèmes en prose: l'éloge de l'objet. Dans *Le Pré*, cet éloge est mentionné dès le troisième vers ("La louange aussitôt s'enfle dans notre gorge"). Ainsi, le poème se place dans le genre rhétorique de l'épidictique, comme la plupart des poèmes en prose de Ponge, "poète de la célébration".[8] Plus précisément, nous sommes en présence de l'éloge paradoxal, c'est-à-dire portant sur un objet pas ou peu louable. Dans les brouillons, on constate que Ponge a pensé à un jeu de mots sur la "platitude" de l'objet au sens littéral et figuré, – calembour qu'il n'a pas utilisé pour la version définitive du *Pré*.

Regardons maintenant de plus près la thématique telle qu'elle se manifeste dans les différentes parties. Comme nous l'avons précisé dans le paragraphe précédent, l'édition *Tel Quel*, différenciant les blancs interlinéaires, nous permet de distinguer dix parties constituantes. La

---

[8] Bernard Beugnot, *Poétique de Francis Ponge*, Paris, P.U.F., 1990, p. 51.

progression dans ces parties peut être considérée comme une démarche circulaire, déployant la grande thématique sempiternelle de la naissance et de la mort.

Avant de passer en revue les différentes parties, il nous semble utile de présenter succinctement, pour la commodité du lecteur, cette progression circulaire. Les deux premières parties nous offrent la naissance de l'objet; la nature (et notre nature) nous préparent un pré. Dans la troisième partie, le poète semble incertain sur la route à suivre et cette "obstruction" prend la forme d'une hésitation rhétorique; dans la quatrième partie c'est cet abord difficile même qui mène au "naos" c'est-à-dire au "lieu sacré" de l'objet. La cinquième partie présente le recours à l'étymologie, il s'agit de parler, de paraboler *le pré* et ce *logos* est non seulement parole, mais aussi musique, ou, pour reprendre la terminologie de *Pour un Malherbe*, à la fois *raison* et *réson*. Ce changement de registre est souligné par une ligne pointillée qui introduit un fragment en prose (sixième partie), une musique "mécanisante" qui imite dans la continuité des phrases longues le "démarrage" de l'objet (cf. *FP* 216: "appoggiatures (petite note sur laquelle on s'appuie avant d'attaquer la note principale)"). L'objet va "sonner" et prendra une forme sonore et logique — action exprimée et mimée typographiquement dans la septième partie: les pointillés, qui précèdent et qui suivent, résumant et imitant en quelque sorte l'arrosage fécond qui fait pousser les brins d'herbe des prés, isolent une seule phrase: "L'orage originel a longuement parlé". Dans la huitième partie il est question d'un "enthousiasme paisible" né de l'acte de trouver ce pré "dès longtemps préparé" et du désir de se coucher, de s'étendre sur ce tapis horizontal. Mais le pré n'est qu'en apparence un "amène à-plat", étant en fait un "[m]ince tapis uni d'un millier de consciences dressées" (*FP* 218–219). La verticalité de l'herbe valorisée comme "conscience dressée" apportera aussi la profondeur du ciel et un revirement dans l'argumentation. Les réflexions trouvées à ce sujet dans les brouillons sont, en effet, indispensables à la compréhension de la neuvième partie. Alors l'écrivain couché, arrivé "prématurément" à la fin de son pré, va – dans la dixième partie – signer sa création qui a poussé. C'est ainsi que la mort du poète (enterré dans le pré) constitue la naissance de l'objet ("qui demain croîtr[a] dessus").

Circularité, rhétorique, allégorie, étymologie, iconicité, matérialisation, qualité différentielle de l'objet, autoréflexivité linguistique, voilà quelques qualificatifs qui caractérisent les parties constituantes du *Pré*.

Après avoir tracé globalement les processus de l'écriture, ainsi que les grandes lignes de l'argumentation thématique, entrons maintenant davantage dans quelques particularités de chaque partie.

4.2 *Le Pré*: une microlecture

4.2.1 Selon la façon bien pongienne, le texte commence par la naissance de l'objet, c'est-à-dire par un "réveil" de "la Nature" et de "notre nature". Si le texte établit un rapport avec "naître" (les prés "naissent" autrement que par la peinture), ce n'est que dans les brouillons qu'on trouve nettement exprimé par Ponge ce rapport:

> La Nature, selon l'étymologie de Littré est, comme je pensais, du même radical que naître, naissance: le sanscrit *jan*, qui a donné *na* (pour *gna*; 23 juin 1964: je pourrais donc titrer mon texte: *"De la gnature des prés"* [...]; *nature* signifie donc l'engendrante, la force qui engendre) (*FP* 236–237).

4.2.2 Or, c'est dans l'optique de l'éloge paradoxal qu'il convient d'interpréter le processus argumentatif des deux premières parties. Selon la convention rhétorico-littéraire, le poète-orateur se voit confronté avec la difficulté de sa tâche, qui est celle de convaincre son public de la beauté ou de l'utilité d'un objet qui est, à première vue, de peu d'importance. Pour ce faire, et pour réaliser ainsi une *captatio benevolentiae*, il a à sa disposition tout un éventail de procédés oratoires, auxquels Ponge avait déjà recours dans ses textes antérieurs. A ce sujet, et pour avoir une idée de ce que Ponge pouvait avoir à l'esprit, il est utile de nous référer à un livre célèbre: *Europäische Literatur und lateinisches Mittelalter* (1948) de Curtius, publié en traduction française en 1956.[9] Dans une lettre du 3 juillet 1970, Ponge écrit à son ami allemand Castor Seibel:

> [...] l'un des maîtres-livres concernant notre culture nous est venu d'un érudit rhénan: Ernst-Robert Curtius; livre dont la traduction française, sous le titre: *La Littérature européenne et le Moyen Age latin*, se trouve depuis longtemps à mon

---

[9] Edition consultée: Ernst Robert Curtius, *La Littérature européenne et le Moyen Age latin*, trad. Jean Bréjoux, Paris, P.U.F., 1956, 2 tomes.

chevet. Vous en ai-je parlé? (je ne le suis guère dans son enthousiasme délirant envers Gide ... mais quant au reste, quelle somme!)[10]

L'indication "depuis longtemps" est assez imprécise pour admettre la possibilité que Ponge ait fréquenté cette "somme" à l'époque même de la rédaction du *Pré*.[11] Quoiqu'il ne s'agisse pas d'une véritable source — loin de là —, le livre de Curtius s'avère très utile pour expliquer certains thèmes et procédés mis en oeuvre dans *Le Pré*.

Ainsi, Curtius nous apprend que proclamer la supériorité de son art par rapport à celui des autres, est un topos de tout exorde: la "surenchère" *(Überbietung)* selon la terminologie de Curtius (I, 270). Ponge donne un tour inattendu à ce topos, en l'appliquant à la thématique traditionnelle de la rivalité entre poésie et peinture, le *paragone*, qui tire ses origines de l'Antiquité et, parmi d'autres textes, de l'*Art poétique* d'Horace ("Ut pictura poesis"), tant admiré par Ponge. C'est d'un ton badin que Ponge en parle: "Prendre un tube de vert, l'étaler sur la page, / Ce n'est pas faire un pré". Cette moquerie visant apparemment la peinture, peut surprendre chez l'auteur de *L'Atelier contemporain*, qui, de plus, a accepté une édition illustrée et en couleurs.[12]

4.2.3 Dans la troisième partie du *Pré*, on trouve d'autres topoi, que Curtius range sous les ""topoi de l'ineffable" (une formule [...] par laquelle l'auteur se déclare "incapable de traiter le sujet")" (I, 265). Ainsi, l'hésitation dont le poète se rend compte: "Mais qu'est-ce, qui obstrue ainsi notre chemin? [...] Qui nous met ces bâtons dans les roues?" De même la comparaison curieuse ("plus précieux [...] que le plus mince des tapis persans") appartient aussi à la stratégie exordiale de la "surenchère". Au sujet de cette stratégie, Curtius observe: "En les [= les objets à louer] comparant avec les modèles exemplaires que nous offre la tradition, on constate leur supériorité, voire leur unicité" (I, 271).

---

[10] Ponge, *Treize lettres à Castor Seibel*, s.l., L'Echoppe, 1995.
[11] Nous ne sommes pas les premiers à signaler le rapport entre Ponge et le livre de Curtius. Voir Philippe Met, *art. cit.* qui, lui, n'a pu voir la correspondance avec Seibel, mais qui signale que Ponge a mentionné cet ouvrage "lors d'un entretien accordé" (cf. note 14 de l'article de Met).
[12] Le lecteur ayant sous les yeux la grande quantité de pages vertes des brouillons, comparées aux quelques pages constituant le texte final, ne pourrait-il expliquer ce vers, après coup, dans un sens plus large? Il pourrait accorder à l'auteur que le travail du pré a exigé autre chose que l'étalement de la masse verte des matériaux.

Nous sommes ici en présence de constantes thématiques de l'écriture pongienne, qui non seulement caractérisent les textes antérieurs de Ponge, comme le *Parti pris des choses* (1942), mais aussi les textes plus récents, comme *L'Ecrit Beaubourg* (1977). Ce dernier texte s'ouvre aussi sur cette hésitation rhétorique devant l'objet à louer. On retrouve sous une forme amplifiée l'image du cycliste dont on "obstrue" le chemin. Et plus loin, Ponge s'étend sur le *paragone* entre les arts, où, significativement, le troisième art impliqué est la musique.[13]

Dans cette partie, c'est surtout l'expression "Ce pré, surface amène" qui frappe. Comme l'a bien vu Philippe Met,[14] le mot "amène" nous rappelle le *locus amoenus*, topos bien connu de la poésie antique et médiévale, dont Curtius énumère les ingrédients:

> C'est [...] une "tranche de nature belle et ombragée; son décor minimum se compose d'un arbre (ou de plusieurs), d'une prairie et d'une source, ou d'un ruisseau" (I, p. 317).

Un peu plus loin, Curtius précise que ce lieu amène est idéalement entouré de rochers verticaux et souvent caché dans les forêts. Tous ces ingrédients, on les retrouve dans les troisième et quatrième parties du poème de Ponge: le poète mentionne le "sous-bois mi-ombre mi-soleil", les "rochers", les "aubépines", le "petit torrent", il qualifie le pré de "moraine des forêts" et il parle des "verticalités de l'endroit". Ce qui est encore plus intéressant, c'est que Curtius rappelle que la description d'un tel *locus amoenus* constitue un sujet favori de la rhétorique épidictique depuis la Seconde Sophistique: la description du pré s'apparente ainsi à celles auxquelles Ponge s'est essayé auparavant.[15] Qui plus est, le *locus amoenus* a pour archétype la Vallée de Tempé, près du mont Olympe, chantée par Virgile et Ovide, parmi d'autres. Cette vallée archétypale abrite le fleuve Pénée, tantôt tumultueux tantôt calme, — ce qui correspond à ce qu'en dit Ponge: "Au long du petit torrent, grossi, de

---

[13] Il est à remarquer que le livre de Curtius comporte un chapitre intitulé: "La rhétorique, la peinture et la musique" (I, pp. 145–147).
[14] Met, *art. cité*, p. 307.
[15] Voir notre chapitre 2.

noyade ou de perdition".[16] Voisine de l'habitation des dieux olympiques, elle figure de plus comme prélude à l'entrée au sanctuaire.

4.2.4 Dans ce contexte, l'enchaînement dans la quatrième partie semble assez logique: Ponge passe de l'éloge du *locus amoenus* au respect silencieux devant le "lieu sacré" ("naos"), devant lequel on reste "interdit". L'abord difficile constitue, selon la tradition antique, reprise par Mallarmé, une condition nécessaire pour aboutir à l'essence, pour trouver l'accès au "lieu sacré". Greene voit dans "naos" un jeu de mots avec "chaos" et "néant", ce qui s'accorde bien avec cette tradition mallarméenne où la véritable victoire poétique réside dans l'effort de conjurer le néant.[17] Toutefois, le texte pongien est moins mallarméen qu'il ne semble; le sens primaire (religieux) de "naos" s'impose avant tout dans ce contexte qui mentionne "une longue théorie" (procession) ayant lieu le dimanche, ainsi qu'un "moulin à prières" et l'idée de "prosternation". Il s'agit donc d'une allégorie qui fait de l'objet décrit un lieu de pèlerinage.[18] De plus, le pré, dans la version définitive, sera nommé aussi "paradis" et "auréole des sources", et cette dernière qualification signifie, selon nous, non seulement le halo comme une sorte de nimbus humide, mais aussi le halo comme nimbe sacré, sacralisant l'objet qu'il faut louer et adorer comme on loue Dieu en récitant des litanies. Reliant dans le texte préfaciel la sainteté de l'objet à celle de la parole, Ponge affirme: "*La figue*: la *sainteté*, le caractère sacré des 'façons d'être' [...] étant aussi celui [...] des notions, des abstractions, des *mots*" (FP 29).

La sainteté du pré – évoquant celle de la parole – est soulignée aussi dans les brouillons. A plusieurs reprises et en termes quasi religieux, Ponge y parle de l'"émotion" devant l'objet, émotion dont "naquit" le

---

[16] "Le fleuve Pénée entre dans une gorge longue d'une lieue et demie, formée par les pentes de l'Ossa et de l'Olympe qui viennent mourir juste au ras de son lit. Cette gorge enchâssée des deux côtés dans des parois rocheuses quasi verticales, fissurées et couvertes d'une pittoresque végétation. Les pentes de l'Olympe sont presque partout abruptes; par contre, sur la rive droite s'étend une étroite bande de terrain fertile, qui s'élargit parfois en de petites plaines, arrosées de nombreuses sources, couvertes d'une herbe drue, et ombragées de lauriers, de platanes et de chênes. Le fleuve coule régulièrement et lentement [...]" (L. Friedländer cité par Curtius, I, p. 321).

[17] Greene, *art. cit.*, p. 462.

[18] Bernard Beugnot (*op. cit.*), soulignant dans toute l'oeuvre de Ponge l'importance de la rhétorique, a relevé plusieurs lieux allégoriques privilégiés, comme ce fameux "palais diaphane" dans *Le Verre d'eau* et "la chapelle rustique" dans *La Figue sèche*.

texte pré: "C'était un dimanche, un lieu de loisir éternel, une récompense, une aménité (enfin!) de la nature, un pardon, une permission, de relaxation, de bonheur momentané" (*FP* 234). Ponge parle du matin où sa femme Odette et lui sont retournés à Chambon-sur-Lignon; c'est là qu'il avait non seulement conçu *Le Pré*, mais aussi *Le Carnet du Bois de pins* (*FP* 243). La description de cette sortie ressemble à celle d'un pèlerinage. Il évoque "l'enthousiasme secret, calme, pur" qu'il a ressenti en regardant ces "promeneurs". Il lui faut "conserver la jouissance" que la vision de ce lieu lui a procurée, il veut "la pénétrer", "la communiquer"(*FP* 243–244). C'est, en effet "l'émotion [qui] descelle [la] bouche" (*FP* 257). Selon nous, l'intérêt de ces observations réside dans l'idée de l'extase à transmettre; contrairement aux mystiques qui restent interdits devant "l'ineffable", le poète parle. L'émotion quasi religieuse, vivement ressentie, mène à la parole.

En effet, pour le poète la seule approche possible est de nommer ce lieu, c'est-à-dire donner naissance à ce lieu par la parole. Le nom fait exister: *nomen est numen*. Le "seul niveau logique qui [...] convient" est le niveau linguistique ou plutôt onomatopéique. Dans ce contexte nous interprétons le vers "lieu sacré d'un petit déjeuné [!] de raisons", comme évoquant le lieu de la foi où la raison abdique, où les arguments ne sont plus nécessaires.[19] Ce qui importe c'est simplement redire l'émotion, exprimer des "pléonasmes", répéter des formules sacrées ("moulin à prières") comme le font les croyants réunis dans la nef de l'église. Ponge aurait-il pensé au malentendu de traduction, par lequel le mot grec *naos* se rapprocherait du mot latin *naus*? Si la citation de Virgile, fréquemment utilisée dans les brouillons ("*sat prata biberunt*") ne réapparaît pas dans le texte définitif, le pré, sanctuaire et nef, surgit de l'humidité comme "de l'orage initial suite douce / En appel ou réponse unanime anonyme à la pluie".

Adoration du pré certes, mais pas de prosternation devant l'objet sacré. Ponge proclame dans le texte que se prosterner "serait contraire aux verticalités de l'endroit", ce qui s'explique par la lecture des brouillons où la *verte qualité* du pré (devenant *vertecalité* et *verte*

---

[19] Dans *Entretiens*, p. 175, Ponge lui-même explique que "là, il ne s'agit plus des raisons, elles sont avalées, à proprement parler".

verticalité) est signe d'insurrection, idée qui trouvera sa place dans l'avant-dernière partie traitant du duel.[20] C'est l'insurrection qui réhabilitera naturellement l'objet "plat" qu'est le pré.

4.2.5 Ainsi l'éloge de l'objet peu louable – menant paradoxalement à l'allégorie du *locus amoenus* et à celle du mot-objet sacré – sera poursuivi sur un autre plan dans la cinquième partie où "le moulin à prières" devient moulin à paroles. Sans se soucier de la vérité sémantique et étymologique, Ponge va se répandre en rapprochements paronomastiques; il défend ce point de vue en affirmant que ces "onomatopées originelles" peuvent "rendre compte de la [...] monotonie et variété du monde, enfin de sa perpétuité". Pour cela il faut parler, il faut les dire. Ici, Met a fait un rapprochement avec le texte *Cycle des saisons* ("L'on ne peut sortir de l'arbre par des moyens de l'arbre") et avec la "monotonie" dans la production des feuilles dans *Faune et flore*.[21] En effet, la nature elle-même ne saurait exprimer son sens profond. La cinquième partie souligne donc avec force le pouvoir du langage, l'objet existe aussi dans et par la parole. Le pré – ce paradis et ce don de la nature – est fabriqué, créé par la langue. Les derniers mots de cette partie (affirmant qu'il faut "Parler. Et, peut-être, paraboler. Toutes ["nos onomatopées traditionnelles"], les dire.") seront suivis d'une ligne pointillée sur toute la largeur de la page et d'un fragment en prose qui commence par une longue phrase d'une quinzaine de lignes, une parole qui n'en finit pas.

4.2.6 Dans la sixième partie il s'agit de notations qui dans une "interminable séquence" imitent la mécanique–logique–métrique de la

---

[20] Cf. l'article d'ouverture dans le *Cahier de l'Herne* consacré à Ponge où il s'appelle lui-même "un suscitateur" qui a horreur de la fausse humilité, mais qui veut "glorifier les [objets] humbles". Ponge souligne qu'à l'encontre du Christ qui "glorifiait les humbles. L'Eglise glorifie l'humilité, Attention! Ce n'est pas la même chose. C'est tout le contraire".

[21] Met, *art. cité*, p. 305: "On ne sortira donc pas des arbres / des bois au moyen de ces mêmes éléments, mais bien plutôt par un retour, fût-il utopique, aux *racines*, à la nomination première d'un âge d'or mythique". Cf. aussi p. 306: "on voit [...] que la médiation par la parole humaine est non seulement inévitable, mais souhaitable et (ré)créatrice. (R)entrer dans la langue pour en (res)sortir l'"objet', tel est bien l'un des enjeux du principe cher à Ponge de la *ré-inscription*".

musique de Bach.[22] Dans cette partie et dans les deux parties suivantes la valeur mimologique (ou iconique) – bien que chaque fois de façon différente – est évidente:[23]

> (Ici doit intervenir un long passage, où, dans la manière un peu de l'interminable séquence de clavecin solo du cinquième concerto brandebourgeois, c'est-à-dire de façon fastidieuse et mécanique mais mécanisante à la fois, non tellement de la musique que de la logique, raisonneuse, du bout des lèvres, non de la poitrine ou du coeur, je tâcherai d'expliquer [...]) (*FP* 192).

Le rapprochement est expliqué par le poète dans les brouillons: "le pré sonne comme un clavecin, par opposition avec les orgues de la forêt [...] Que *signifie* clavecin? cela signifie: clavier (étendu sur plusieurs octaves) de notes *variées*, dont le timbre est plutôt *grêle*, pincement de ou percussion sur des cordes *minces* (herbe), éclatements comme *sonneries* petites et sans pédales, *brèves*: un peu une musique de boîte à musique: tigettes et fleurettes [...] il semble que cela vienne de l'esprit et des lèvres (du bout des lèvres), non du coeur, ni du corps (des viscères)" (cf. *FP* 204).

A la couleur étalée de la peinture, Ponge préfère donc la comparaison avec la gamme chromatique de la musique (de Bach). Gleize et Veck ont expliqué cette préférence en insistant sur la différence entre le mouvement musical et l'"à-plat" de la couche de couleur. Cette sixième partie, qui est en prose, serait selon eux "un exposé de type didactique aux articulations fortement marquées".[24] Or, la préférence de la musique s'explique, selon nous, non seulement par les articulations logiques qui seraient communes à la prose didactique et à la musique méticuleuse de Bach, mais aussi (en passant par le double sens de *logos*)[25] par le besoin

---

[22] On ne peut s'empêcher de penser à la mécanique textuelle (thématique et stylistique) du texte *Pluie* dans *Le Parti pris des choses*.

[23] Pour l'utilisation du terme (d'origine peircienne) "iconicité" par rapport aux textes de Ponge, cf. notre chapitre 6.

[24] Gleize et Veck, *op. cit.*, p. 153.

[25] Cf. Henri Maldiney, *Le Vouloir dire de Francis Ponge*, s.l., Encre marine, 1993, p. 184: " 'Logos' a, entre autres, deux sens auxquels *raison* et *réson* font écho: logos déclaratif d'une part, il est le lien et le lieu des significations; logos harmonique, d'autre part, il est le lien de toutes les tensions dont la traversée constitue la musique".

de faire *sonner* la notion de l'objet, unifiant ainsi l'abstrait et le concret, les significations et leur matérialisation.

Cette matérialisation sera non seulement basée sur le passage du domaine logique (notion) vers celui de la linguistique (son), mais aussi sur le passage de la (géo)physique (réalité) vers la linguistique (texte écrit). Tout comme la *raison* (abstraite) passe au *réson* (concret), la graine de l'herbe (en tant qu'objet *et* texte) va pousser, se manifester concrètement sous l'influence féconde de l'eau (en tant que réalité physique *et* pluie de paroles). Cette eau ne connaît ni d'épanchement romantique (sur le plan du texte), ni d'évaporation immédiate (sur le plan de la réalité physique). Comme le texte de Ponge dans cette sixième partie l'affirme:

> [...] il s'agit en vérité d'une métamorphose de l'eau, laquelle au lieu de s'évaporer directement [...] choisit ici, se liant à la terre et en passant par elle [...] réimprégnant en somme le cendrier universel, de donner renaissance à la vie sous sa forme la plus élémentaire, l'herbe: élémentarité–alimentarité. Ce chapitre, qui sera *aussi* celui de la musique des prés, sonnera de façon grêle et minutieuse, avec une quantité d'appoggiatures, pour s'achever (s'il s'achève) en accelerando et rinforzando à la fois, jusqu'à une sorte de roulement de tonnerre où nous nous réfugierons dans les bois (*FP* 192–193).

Cette alliance de l'eau à la terre s'avère donc féconde: pénétration, irrigation, fructification.

4.2.7 Cette floraison est figurée aussi dans la septième partie, qui consiste en une seule phrase brève placée entre deux lignes pointillées

> L'orage originel a longuement parlé.

Dans cette représentation iconique, "l'orage original" résume en écho "la longue palabre" de la partie qui précède.[26] Le caractère iconique de cette partie est mis en relief dans les brouillons: "Etendue dont chaque élément (*chaque point*) est dressé, devient une tige" (c'est nous qui soulignons) et "Une étendue de vert qui jaillit lentement en appel anonyme

---

[26] Maldiney, *op. cit.*, p. 166, fait à propos de ce vers un rapprochement entre Ponge et Hölderlin: "Ils ont noté tous deux ce murmure grondant où les tremblements obscurs de la parole et du monde se confondent".

ou réponse à la pluie" (*FP* 219–220). Les pointillés miment donc la poussée des brins d'herbe sous l'influence bienfaisante des gouttes d'eau. L'objet "pré" ainsi que le texte du *Pré* naissent, c'est-à-dire deviennent visibles comme une couche horizontale (un seul vers) qui est le produit, l'extériorisation d'un processus de fécondation et de maturation.

Dans ce cadre, il est remarquable que Ponge ait indiqué que, sous les racines des herbes représentées sur la couverture de l'édition de Skira, il fallait mettre "une ligne entière de points" (des points qui, dans notre optique, représentent ici la semence engendrant des tiges). Il est encore plus frappant que, dans le texte préfaciel du 10 juillet 1970, le poète se serve aussi de lignes pointillées au moment où il parle de l'écriture en termes de semence, sujet que nous allons retrouver dans notre paragraphe 6.

4.2.8 L'iconicité joue encore un rôle dans la typographie aberrante de la huitième partie. L'orage en retrait (textuellement et typographiquement) permet de renoncer à la parole qui "freine", d'oublier "les scrupules" prudents et de trouver en plein enthousiasme ce pré qui a surgi. "Ces scrupules", a dit Ponge dans le métatexte préfaciel (*PF* 19), "ce sont ces mots eux-mêmes (non plus jetés par moi, tracés, écrits par moi – mais *lus* par moi, comme des obstacles sur mon chemin. Voici, en somme, un chemin fait d'obstacles, de portes successives". Ponge considère donc le travail préparatoire des brouillons entassés comme un obstacle dans l'effort de trouver l'objet, mais en même temps comme la porte qui donne accès à l'objet. Voilà que, significativement, il écarte ici la parole pour trouver l'objet. Au même endroit que l'orage (le flux de paroles) qui "s'éloigne", c'est-à-dire littéralement et typographiquement en retrait, l'on découvre (allongé sur ce pré) le "ciel bleu", ainsi que la profondeur du ciel.

> L'orage originel n'aura-t-il donc en nous si longuement grondé
> Seulement pour qu'enfin
>   – car il s'éloigne, n'occupant plus
>   que partiellement l'horizon bas
>   où il fulgure encore –
>   [...]
> Transportés tout à coup par une sorte d'enthousiasme paisible
> En faveur d'une vérité, aujourd'hui, qui soit verte,
> Nous nous trouvions bientôt alité de tout notre long sur ce pré

Dès longtemps préparé pour nous par la nature,
— où n'avoir plus égard qu'au ciel bleu
(*FP* 193–194)

Moment de repos horizontal, réflexion et arrêt, qui – vu les observations dans les brouillons – introduisent la question de la continuité de ce pré par l'évocation de tout un jeu d'oppositions entre: horizontalité – verticalité, surface – profondeur, étendue plane – multiplicité dressée, lieu du repos – lieu de la décision.

4.2.9 La neuvième partie, en effet illisible sans le jeu des oppositions mentionné ci-dessus, introduit un revirement dans l'argumentation. Si l'orage fécond, fulgurant, a disparu, cédant la place au ciel bleu, le repos horizontal est perturbé par le vol de l'oiseau qui déchire cette sérénité du ciel et des significations. Citons in extenso cette neuvième partie, la plus dense et la plus hermétique de toutes:

> L'oiseau qui le survole en sens inverse de l'écriture
> Nous rappelle au concret, et sa contradiction,
> Accentuant du pré la note différentielle
> Quant à tels près ou prêt, et au prai de prairie
> Sonne brève et aiguë comme une déchirure
> Dans le ciel trop serein des significations.
> C'est qu'aussi bien, le lieu de la longue palabre
> Peut devenir celui de la décision.
> Des deux pareils arrivés debout, l'un au moins,
> Après un assaut croisé d'armes obliques,
> Demeurera couché
> D'abord dessus, puis dessous (*FP* 194).

Ici encore Ponge relie le plan de l'objet à celui du mot en insistant dans les brouillons sur: (a) le signe diacritique du mot, à savoir: "la qualité différentielle du pré (accent aigu), comparé à *près* et à *prêt*" (p. 208); (b) la couleur verte/ verticalité de l'objet "pré"; (c) le vol de l'oiseau, trois notions ajoutant une dimension, une profondeur au pré, corrigeant sa platitude (appelée une "perfection" ainsi qu'un "découragement").[27] Si la platitude du pré invite donc à l'abandon, l'insurrection

---

[27] Les brouillons, de nouveau, nous renseignent à ce sujet: "Après un découragement propice à l'expression de la platitude du pré, La conscience soudain de l'incessante

de l'herbe ("la verte verticalité") est "la note différentielle" qui mène dans une autre direction. C'est la longue palabre (le pré de la discussion) s'opposant à la dispute brève (le pré de la décision) qui introduit l'image du duel entre des pairs, duel évoqué par l'"assaut croisé d'armes obliques" des deux "pareils". Ponge, dans les *Entretiens* (p. 174) explique lui-même cette image: "Nous avons donc d'abord deux verticales [= les pairs / pareils / gentilhommes]; ensuite, un duel oblique; et ensuite vous avez au moins l'un et parfois les deux qui tombent horizontalement sur le pré; [...] les deux verticales, qui peuvent représenter aussi, comme je le disais tout à l'heure, à la fois l'auteur et la chose, parce qu'il est évident que le duel est un acte d'amour aussi, et que le résultat est la mort des deux; seul, et seulement le pré reste, le pré est là, le pré est constitué". Voilà le renversement définitif des plans: du vertical à l'oblique (les épées croisées dans le duel) à l'horizontal: la mort qui sera pourtant accompagnée de "l'incessante résurrection du vert [qui] nous ressuscite".

4.2.10 Ainsi la mort arrive "prématurément" au poète dans la dixième partie; *prématurément*, parce que le texte du *Pré* a connu un processus de maturation.

> Voici donc, sur ce pré, l'occasion, comme il faut,
> Prématurément, d'en finir,
> Messieurs les typographes
> Placez donc ici, je vous prie, le trait final.
> Puis, dessous, sans le moindre interligne, couchez mon nom.
> Pris dans le bas-de-casse, naturellement.
>   Sauf les initiales, bien sûr.
>   Puisque ce sont aussi celles

---

résurrection du vert nous ressuscite" (*FP* 230). "En une seule syllabe, comme en un seul ton (vif, vert, cru) et ceci, bien entendu, dans l'aigu. Monosyllabique et monotone. mais dans l'aigu" (*FP* 226). "Bref (en étendue et en hauteur) et vert; d'un vert aigu. Survolé (de son accent aigu) [...] Voilà une idée nouvelle: survolé. D'insectes et parfois d'oiseaux. Survolé, d'ailleurs, mais surtout bref.[...] Rasé de près. Lieu de la décision. Duel. Décision claire" (*FP* 209). "L'oiseau de son accent aigu y égratigne le ciel en sens inverse de l'écriture (et donc de la signification)" (*FP* 254).

Du Fenouil et de la Prêle
Qui demain croîtront dessus.

Francis Ponge.

Cette façon de terminer le texte fait penser à nombre d'autres textes dans *Le Parti pris des choses*, où la fin du texte coïncide avec le mûrissement et/ou la mort de l'objet: le papillon s'envole, la mousse a poussé en plaques qui peuvent être éliminées, les mûres ont mûri, la mèche se noie dans le suif de la chandelle, le pain sera brisé et consommé, etc.

Naissance et mort, circularité et autoréflexivité linguistique: le nom de Francis Ponge sera présent modestement (en lettres minuscules) dans la terre de son pré, excepté ses initiales qui constitueront non seulement sa signature (F.P. en lettres capitales) mais aussi celle de l'objet, du pré même (car le Fenouil et la Prêle croîtront dessus). L'auteur, identifié à ce pré qui lui survivra, sera donc immortel. Cette signature est aussi celle du texte produit, *La Fabrique du Pré*, et l'auteur, se rajeunissant dans la lecture renouvelée de tous les lecteurs, sera encore immortalisé dans le va-et-vient infini entre brouillons et texte final, entre genèse et fin.

5. Brouillons et ruminement

L'existence même des brouillons, couvrant une période de plus de trois ans, problématise profondément la "fabrique" (au sens de "fabrication") du *Pré*. En effet, tout dans ce texte suggère la création immédiate et spontanée (cf. "Qui fera mon propos d'aujourd'hui"). Or, la lecture des brouillons nous apprend au contraire que tout est construit: la spontanéité est une spontanéité feinte, une illusion de spontanéité, longuement travaillée, produit d'un véritable labeur poétique. Pour ne citer qu'un exemple particulièrement illustratif: les brouillons nous montrent que la louange, sur laquelle *Le Pré* s'ouvre, et qui forme, comme on l'a vu, l'essence même du poème, a été ajoutée relativement tard.

Quelles sont les caractéristiques de ce labeur poétique? On constate *grosso modo* un double mouvement menant au poème final. Il y a l'entassement du matériau, extrêmement hétérogène: citations et réminiscences littéraires (Virgile, Rimbaud, A. du Bouchet, Proust, La

Fontaine); le Littré; notations de journal personnel, exercices de style, etc., ainsi que nombre d'allusions à d'autres artistes (Josquin des Prés, Bach, Chagall, Poussin, Manet).

La deuxième tendance gouvernant ces brouillons, complémentaire de la première, est celle d'une réécriture sélective: la matière est inlassablement reprise, littéralement copiée et recopiée. Curieusement la reprise non seulement reprend en ajoutant, mais aussi – et surtout – reprend en supprimant. Le matériau diminue de deux façons: explicitement dans le travail constant de ratures et de corrections, furtivement en se résorbant tout simplement dans les brouillons. Ainsi tout un réservoir de réflexions à propos du fameux "sat prata biberunt" de Virgile disparaît sans laisser de traces. Le texte définitif du *Pré* (sept pages) est le résultat d'une réduction d'environ quatre-vingt-dix pour cent par rapport aux brouillons accumulés (soixante-six pages). Le fait que Ponge a publié d'abord ce texte final, amoindri, "définitif", pour n'y ajouter que plus tard son labeur préparatoire souligne la différence entre *La Fabrique du Pré* et des textes comme *La Figue sèche*, *La Table* et *Le Savon*.[28]

L'image sous-jacente est de nature alimentaire, comme l'explique Ponge lui-même moyennant la paronomase entre "élémentarité" et "alimentarité". Conformément à la thématique générale du *Pré*, tout se passe comme si Ponge se présentait comme un ruminant, qui par la mastication, la rumination et la digestion transforme intertextes et avant-textes en son propre texte. Ce processus scriptural, que Ponge lui-même avait qualifié de "rumination" (dans un texte consacré à Rémy de Gourmont qui s'était servi du néologisme *ruminisme* à propos de Schopenhauer),[29] s'insère dans une tradition ancienne, qui remonte *via* le

---

[28] Gleize (*Poésie et figuration*, Paris, Seuil, 1983, pp. 171–173) a distingué dans la carrière poétique de Ponge trois phases: (a) la période des *Proêmes*, lorsque Ponge faisait encore la distinction entre "saignée critique" et "oeuvre poétique" en appelant *Proêmes* ses "menstrues honteuses", (b) la période marquée "par la volonté de ne plus séparer artificiellement pratique et critique, technique et métatechnique, faire et dire etc." C'est la période du *Carnet du bois de pins*, de *La Rage de l'expression*, et des trois autres textes nommés ci-dessus, tandis que *La Fabrique du Pré* avec *Comment une figue de paroles et pourquoi* appartiennent à la troisième période, (c) à savoir celle de "la publication, à partir d'un texte déjà publié en recueil, d'une partie de ses manuscrits ou de la totalité de ceux-ci".
[29] Cf. Ponge, *Pratiques d'écriture ou l'inachèvement perpétuel*, Paris, Hermann, 1984, p. 111.

principe imitatif de l'*innutrition* de la Renaissance à l'Antiquité grecque et latine. Parmi les auteurs qui ont utilisé l'image alimentaire de la rumination, citons Quintilien, qui propose, comme exercice d'écriture, la pratique journalière de la rumination des mêmes textes (*Inst. Or.* XI, 2, 41). Les brouillons reproduits dans *La Fabrique du Pré* montrent que Ponge procède de la même façon.

Il va sans dire que le statut scriptural de ces brouillons, leur raison d'être, est fort problématique. Ces brouillons, tous datés et pourvus d'indication de lieu (une habitude adoptée par Ponge depuis les années soixante) et qui sont de plus écrits d'une main très lisible, sont visiblement destinés à être publiés tels quels. A leur lecture, on ne peut s'empêcher de penser qu'ils ont été écrits pour un lecteur autre que Ponge lui-même. Autrement dit: est-ce que ce sont encore de véritables brouillons, reflétant directement l'origine même de la création littéraire (son inspiration spontanée ou, éventuellement, sa laborieuse réalisation)? On se demandera en effet si les brouillons, actuellement perdus, du *Parti pris des choses* auraient été conçus de la même façon, tout aussi lisibles et publiables.

6. Les sentiers de la création pongienne

Ces mêmes questions, portant sur le statut de l'avant-texte pongien, se posent pour les notes, écrites entre le 23 mars 1970 et le 11 juillet 1970, que Ponge a rassemblées pour servir de texte préfaciel dans *La Fabrique du Pré*. Tout dans ces notes semble être conçu pour être publié et lu. Ainsi, les quelques ruptures dans l'ordre chronologique sont voulues du poète — contrairement à celles dans les brouillons du *Pré*, ou celles qui perturbent l'ordre chronologique d'un recueil comme *Pièces*, achronies dues aux interventions des éditeurs.

L'ordre achronique des notes montre bien que nous avons affaire ici à un ensemble thématique judicieusement orchestré. La première note, datée du 20 mai 1970, a été placée en tête, parce qu'elle formule, non sans auto-ironie, la raison principale de la publication de l'ensemble: c'est "*à la mode*" de publier les "états successifs" de l'écriture.

Les notes suivantes (du 23 mars au 30 mars), qui sont d'un point de vue chronologique les premières, visent à rendre compte de la consultation que Ponge fait du *Littré*. Tout porte à croire que là aussi Ponge fausse quelque peu la perspective chronologique: les brouillons du *Pré* nous ont montré que la consultation du dictionnaire ne constitue pas nécessairement l'étape initiale de la *creative method* de Ponge.

Dans les notes ultérieures on retrouve, de façon plus ou moins explicite, certains thèmes et intertextes du *Pré* et de ses brouillons. Ainsi, la thèse apodictique du 21 mai 1970: "Le fait de l'écriture est la lecture d'un texte du monde" pourrait être inspirée de Curtius, qui consacre tout un chapitre à ce topos bien connu de la Renaissance, selon lequel "la terre entière est un livre [...] dans laquelle on tourne les pages avec les pieds" (II, 24). Ce topos amène Ponge à reformuler cette adéquation entre mots et choses qui depuis *Le Parti pris des choses* caractérise son oeuvre: "En somme les choses sont, *déjà, autant mots* que choses et, réciproquement, les mots, *déjà,* sont *autant choses que mots*" (*FP* 23, c'est Ponge qui souligne).

Un autre élément que l'on retrouve dans ces notes préfacielles, ce sont les allusions de Ponge à son oeuvre antérieure (*FP* 29) — allusions beaucoup plus explicites que dans *Le Pré* et dans ses brouillons. Ce désir d'explicitation est aussi sensible dans la thématique du *paragone* entre les arts. Ponge note catégoriquement:

— Beaucoup seront tentés de se passer des mots, d'employer peinture (ou musique)
— Tel ne sera pas notre cas, telle ne sera pas notre décision (résolution) (*FP* 24)

Un peu plus loin, Ponge continue à préciser la spécificité de son écriture:

La matérialité de l'écriture, du graphisme — et non d'un graphisme individuel (manuscrit autographe), mais d'un graphisme commun (calligraphie ou typographie): voilà ce qui nous la fait *aimer,* désirer, et — intellectuellement, ensuite — considérer comme importante (essentielle) (*FP* 27).

On ne peut s'empêcher de croire qu'il s'agit ici d'une dépréciation des brouillons manuscrits que, pourtant, cette note préfacielle est censée introduire.

Cette dernière citation annonce une autre thématique, sous-jacente à ses oeuvres depuis *Le Parti pris des choses*: celle de l'érotisme de l'acte de l'écriture (l'*objoie* pongienne se réalisant "en lieu *obscène*") — à cette différence près que dans les notes présentes le désir d'explicitation est beaucoup plus net. C'est ce qu'on constate, si l'on considère l'ordre des dernières notes: celui-ci a été interverti: la note la plus récente (11 juillet 1970) occupe la place pénultième, alors que la note du 10 juillet 1970 clôt l'ensemble préfaciel. Cette clôture n'est pas sans vouloir choquer de par son explicitation:

> Un jet inconscient de semence, ou une simple défécation, un simple vomissement... etc., etc.
> Tout cela étant parfaitement — ou pouvant être parfaitement *solitaire* (cf. la masturbation) et n'engendrant rien.

Comme nous l'avons suggéré plus haut, tout se passe comme si les lignes pointillées, qui encadrent la note finale, semblaient visualiser ce jet de semence. Le désir de choquer est encore plus manifeste, si l'on retourne à la note précédente qui, elle, souligne le besoin de sauvegarder la formulation par l'écriture:

> Mais *écrire*, pourquoi? pour produire (laisser) une trace (*matérielle*), pour *matérialiser* mon cheminement, afin qu'il puisse être suivi une autre fois, une seconde fois. [...] apprécier [le texte] à loisir, le scruter (je veux dire le lire et relire plusieurs fois) [...] Que cela soit conservé comme une sorte de *contrat* (*FP* 32–33).

Certes, l'accent mis sur l'activité du lecteur devenu en quelque sorte co-auteur (cf. le mot *contrat*) pourrait expliquer la publication de *La Fabrique du Pré* après les publications antérieures du texte "définitif" du *Pré*. Mais Ponge a délibérément changé l'ordre des fragments, insistant ainsi en dernier lieu sur un "jet de semence" (tant physique que textuel) qu'il faut placer sous le signe de l'infécondité. Ce déplacement significatif souligne une forme d'auto-ironie que l'on retrouve parfois aussi dans la tradition rhétorique de la *ruminatio*.

En effet, l'importance des termes de "défécation" et "vomissement" est à noter ici: non seulement ils reprennent, de façon inattendue et peu appétissante, la thématique alimentaire, mais ils enchaînent encore sur la notion d'*excrétion* scripturale que l'on retrouve dans certains poèmes du *Parti pris des choses* (on pense à la "sécrétion" d'*Escargots* et du *Mollusque* et à l'"expression" de *L'Orange*). Ils s'insèrent en plus dans la topique rhétorique de la "modestie affectée", à laquelle Curtius consacre un chapitre (I, pp. 154–158). Plus précisément, ils font penser à Montaigne, qui dans son essai sur la vanité, n'hésite pas à qualifier son écriture d'"excremens d'un vieil esprit, dur tantost, tantost lâche, et toujours indigeste" (*Essais*, III, 9).

Notre référence aux *Essais* de Montaigne, lus et relus de Ponge depuis les années 1960,[30] se justifie par la seule note en bas de page des brouillons, qualifiant *Le Pré* de "mon essai sur le *Pré*": "Terme choisi en connaissance de cause, *contre* celui de 'poème'" (*FP* 240). Elle se justifie aussi par ce que Ponge écrit dans un texte de 1977, au titre programmatique de *Nous, mots français*, qui relie l'explicitation indécente à son âge avancé:

> Moi aussi, comme notre vieil auteur [*i.e.* Montaigne], et à son instar m'adressant tout autant à moi-même qu'à un imprévisible lecteur: "Je dy vrai, non pas tout mon saoul, mais autant que je l'ose dire; et l'on ose un peu plus en vieillissant, car il semble que la coustume concede à cet aage plus de liberté de bavasser et d'indiscretion à parler de soy.[31]

7. Actualité de la *Fabrique du Pré*

Les multiples références qu'au cours du présent chapitre nous avons faites aux oeuvres de Ponge, tant antérieures que postérieures, témoignent de la place cruciale que *Le Pré* et *La Fabrique du Pré* y occupent. Ces textes reprennent les thèmes de l'avant-oeuvre tout en annonçant ceux des oeuvres ultérieures.

Il y a plus. La création de *La Fabrique du Pré* (1960–1970) correspond chronologiquement à la période Tel Quel de Ponge. Depuis 1958, Philippe Sollers le sollicite et l'incite à écrire *Le Pré* pour la revue *Tel Quel*. Après la publication du *Pré*, on constate une lente dissociation de Ponge et de *Tel Quel*, qui culmine en un fulgurant pamphlet de

---

[30] Cf. Lionel Caillé, "Ponge: En lisant, en écrivant Montaigne", *Bulletin de la Société des Amis de Montaigne* (1997), VIIe série, nos 5–6, pp. 9–33.
[31] *NNR*, 3, p. 100.

Pleynet contre Ponge et la riposte violente de celui-ci (*Mais pour qui donc se prennent maintenant ces gens-là?*, 1974).

La Fabrique du Pré a été publiée à la veille de ce divorce. C'est ce qu'on peut lire entre les lignes du texte préfaciel de l'ensemble. Tout se passe comme si Ponge se plaisait à accentuer des points que *Tel Quel* tient en horreur. Ainsi, le nationalisme (qui, quelques années plus tard, en 1978, tourne ouvertement en gaullisme) de l'ancien socialiste qu'est Ponge ne peut qu'irriter les telquelistes. Cela vaut sans doute aussi pour l'accent mis sur le point de départ émotionnel ainsi que l'apport trop autobiographique et anecdotique à la création littéraire, dont font état les brouillons de *La Fabrique du Pré*. Sollers, dans ses *Entretiens*, parle de matérialisme sémantique et continue à faire abonder en son sens – de façon presque systématique – l'importance du signe linguistique. Si Ponge lui accorde la matérialité des mots, il ne cessera d'insister sur l'authenticité de l'émotion devant la réalité concrète.[32]

Recréer l'objet qui avait provoqué son désir sera la tentative de Ponge. Comme l'a affirmé Claude Evrard: "Tout l'intérêt de l'écriture mimologique de Ponge vient alors de ce qu'elle tend moins à proposer une image fidèle de l'objet qu'à provoquer une émotion verbale [...] un 'objet équivalent', aussi évident et résistant, aussi *sensible* que l'objet naturel".[33] En effet, au moment où l'auteur a réussi à recréer cet objet verbal *sensible*, il s'efface devant cette reproduction fidèle, le résultat d'un acte d'amour, qui – circularité parfaite – à son tour provoquera l'émotion et le désir du lecteur.

---

[32] *Entretiens*, p. 169: Francis Ponge répond: "Oui. Au sujet, si vous voulez de mon matérialisme, j'ai déjà pu dire combien les mots, les formules verbales, me semblaient une réalité concrète, comportant toute l'évidence et l'épaisseur des choses du monde extérieur".

[33] Claude Evrard, *Francis Ponge*, Paris, Belfond, 1990, p. 79.

Chapitre 8. En guise de conclusion

Arrivé au terme du parcours sinueux de cette étude, celui de nos microlectures basées sur un choix d'approches théoriques, le lecteur peut avoir l'impresson d'un déjà-vu. En effet, la plupart des concepts théoriques utilisés sont quelque peu datés. Nous croyons cependant à la légitimité de ces approches théoriques, et cela pour plusieurs raisons. Non seulement ces approches s'avèrent toujours opérables (ce dont témoignent, croyons-nous, les microlectures proposées ici), elles sont de plus contemporaines de la production littéraire de Ponge.

Ici une influence bivalente se dessine: l'oeuvre de Ponge ne fut pas seulement un simple objet de ces théorisations, elle les a aussi sensiblement marquées, – on pense à Philippe Sollers ou à Michael Riffaterre, qui semblent avoir trouvé dans Ponge l'affirmation de certains de leurs présupposés théoriques. Inversement, la théorie littéraire semble aussi avoir influé sur l'écriture de Ponge, quoique de façon souvent subreptice. La théorie permet aussi de mesurer les distances qu'a prises Ponge vis-à-vis de certaines approches structuralistes. On pense aux boutades du poète lors du colloque de Cerisy, qui lui a été consacré,[1] et à ses répliques parfois évasives dans ses *Entretiens* avec Philippe Sollers. Si Sollers, selon la bonne doctrine saussurienne, penche vers l'abstrait hautain du signe, Ponge, en revanche, non seulement insiste sur la basse matérialité du signe, mais ose aussi se mêler au vil concret du référent, lequel est souvent (quel sacrilège!) d'ordre autobiographique.[2]

---

[1] Cf. par exemple *Cerisy*, p. 408: "Tout le monde est content, et moi le premier, que ce colloque ait eu lieu, mais aussi qu'il soit fini!", et la discussion entre Ponge et Maurice de Gandillac au sujet du matérialisme épicurien (pp. 63–64).

[2] Citons, à titre d'exemple, quelques débuts de répliques de Ponge: "Eh bien, là je vais revenir aux choses les plus concrètes et les plus exactes, historiquement" (*Entretiens*, p. 71); "Comme chaque fois, il se trouve que vos questions sont telles que je peux, moi, me référer à mon histoire – à la réalité de ce que j'ai fait – au concret, si vous voulez, de la situation" (p. 88). En fait, Ponge ne répond pas aux formulations proposées par Sollers: "dans tout texte de vous, il me semble qu'on pourrait trouver une mise en abîme du texte lui-même" (p. 119); "Tout se passe comme si vous entriez

Par leur ancienneté, deux des approches théoriques auxquelles nous avons eu recours occupent une place particulière, parce qu'elles ne ressortissent pas à la théorisation des années 1960-1980: la découverte de l'importance de la rhétorique classique pour la poésie pongienne est récente, alors que la sémiotique peircienne, qui en fait est antérieure à celle de Saussure, n'a jamais été prise en considération par les critiques pongiens. La seule exception est un article d'Elisabeth Walther, qui se contente de présenter la théorie peircienne au public français, sans toutefois l'appliquer aux textes de Ponge.[3]

Nous espérons que notre méthode éclectique, qui combine microlecture et théorie littéraire, sera confirmée et enrichie par les apports de la critique génétique, faite par ceux qui sont mieux placés que nous pour entrer dans les secrets du *scriptorium* de Ponge.

---

dans un mouvement qui consisterait à exclure l'objet, et en même temps à vous placer, comme scripteur, dans ce que l'on pourrait appeler une disparition du sujet" (p. 137), et ainsi de suite.
[3] Elisabeth Walther, "Remarques sémiotiques sur la 'méthode' et la 'pratique' dans l'oeuvre de Francis Ponge", dans Jean-Marie Gleize, *Francis Ponge*, Paris, L'Herne, 1986, pp. 499-508.

Bibliographie

Seuls les ouvrages cités dans la présente étude sont mentionnés dans cette bibliographie. La bibliographie critique la plus complète est celle de Bernard Beugnot, Jacinthe Martel, Bernard Veck, *Francis Ponge*, Paris [...], Memini (Bibliographie des écrivains français), 1999.

Oeuvres de Francis Ponge

Pour un Malherbe, Paris, Gallimard, 1965.
La Fabrique du Pré, Genève, Skira, 1971.
L'Atelier contemporain, Paris, Gallimard, 1977.
Pratiques d'écriture ou l'inachèvement perpétuel, Paris, Hermann, 1984.
Nouveau nouveau recueil, éd. Jean Thibaudeau, Paris, Gallimard, 3 tomes, 1992.
Treize lettres à Castor Seibel, s.l., L'Echoppe, 1995.
Oeuvres complètes, éd. Bernard Beugnot [...], Paris, Gallimard (Bibliothèque de la Pléiade), tome I, 1999.[1]

Etudes consacrées à Francis Ponge

Aron, Thomas, *L'Objet du texte et le texte-objet. La Chèvre de Francis Ponge*, Paris, Les Editeurs français réunis, 1980.
Beugnot, Bernard, *Poétique de Francis Ponge. Le palais diaphane*, Paris, P.U.F., 1990.
Caillé, Lionel, "Ponge: En lisant, en écrivant Montaigne", *Bulletin de la Société des Amis de Montaigne* (1997), VIIe série, nos 5–6, pp. 9–33.
Collot, Michel, *Francis Ponge entre mots et choses*, Paris, Champ Vallon, 1991.

---

[1] Pour plus de détails, voir nos "Abréviations".

Derrida, Jacques, *Signéponge*, Paris, Seuil, 1988.
Evrard, Claude, *Francis Ponge*, Paris, Belfond, 1990.
Feldmann, Carsten, *Rerum natura: Lukrez, Belleau, Ponge*, Francfort s. M., Lang, 1997.
Genette, Gérard, *Mimologiques. Voyage en Cratylie*, Paris, Seuil, 1976, pp. 377–381.
Gleize, Jean-Michel, "La poésie mise en orbite, Francis Ponge", dans *Poésie et figuration*, Seuil, 1983, pp. 157–191.
Gleize, Jean-Marie et Bernard Veck, *Francis Ponge: Actes ou Textes*, Lille, P.U., 1984.
Greene, Robert W., "Francis Ponge, metapoet", *Modern Language Notes* 85 (1970), pp. 572–592. Traduction française dans Jean-Marie Gleize (éd.), *Francis Ponge*, Paris, L'Herne, 1986, pp. 452–467.
Kingma-Eijgendaal, Tineke, *Le Plaisir de la suggestion poétique. Quelques analyses de la forme suggestive chez Rimbaud, Verlaine et Ponge*, Leyde, 1983 (thèse).
Maldiney, Henri, *Le Vouloir dire de Francis Ponge*, s.l., Encre marine, 1993.
Martin, Serge, *Francis Ponge*, Paris, Bertrand-Lacoste, 1994.
Met, Philippe, "Francis Ponge ou la fabrique du (lieu) commun", *Poétique* (1995), no. 103, pp. 303–318.
Pierrot, Jean, *Francis Ponge*, Paris, Corti, 1993.
Riffaterre, Michael, "Surdétermination dans le poème en prose (II): Francis Ponge", dans *La Production du texte*, Paris, Seuil, 1979, pp. 267–285.
Riffaterre, Michael, "Ponge tautologique ou le fonctionnement du texte", *Cerisy*, pp. 66–84 et 85–90 (discussion).
Rigolot, François, "Poétiques de l'huître: Francis Ponge correcteur de Remy Belleau?", dans François Rouget et John Stout, *Poétiques de l'objet*, Paris, Champion, 2001, pp. 231–245.
Roelens, Nathalie, "De la colère de l'escargot à la rage de l'expression", dans Franc Schuerewegen (éd.), *Francis Ponge*, Amsterdam-Atlanta, Rodopi, 1996 (= CRIN 32), pp. 49–62.
Schuerewegen, Franc (éd.), *Francis Ponge*, Amsterdam-Atlanta, Rodopi, 1996 (= CRIN 32).
Sollers, Philippe, *Entretiens de Francis Ponge avec Philippe Sollers*, Paris, Gallimard-Seuil, 1970.
Walther, Elisabeth, "Remarques sémiotiques sur la 'méthode' et la 'pratique' dans l'oeuvre de Francis Ponge", dans Jean-Marie Gleize (éd.), *Francis Ponge*, Paris, L'Herne, 1986, pp. 499–508.

Autres ouvrages

Adam, Jean-Michel, *Linguistique et discours littéraire*, Paris, Larousse, 1976.
Arrivé, Michel, "Pour une théorie des textes poly-isotopiques", *Langages* 31 (1973), pp. 53–63.
Barthes, Roland, "L'effet de réel", *Communications* 11 (1968), pp. 84–89.
Belleau, Remy, *Oeuvres poétiques*, éd. CH. Marty-Laveaux, Genève, Slatkine Reprints, 1974, 2 tomes.
Black, Max, *Models and Metaphors*, New York, Cornell U.P., New York, 1962.
Cave, Terence, *The Cornucopian Text. Problems of Writing in the French Renaissance*, Oxford, Clarendon Press, 1979.
Curtius, Ernst Robert, *La Littérature européenne et le Moyen Age latin*, trad. Jean Bréjoux, Paris, P.U.F. (Agora), 1956, 2 tomes.
Dandrey, Patrick, *L'Eloge paradoxal de Gorgias à Molière*, Paris, P.U.F., 1997.
Dupriez, Bernard, *Gradus. Les procédés littéraires (Dictionnaire)*, Paris, Union Générale d'Editions (coll. 10/18), 1977.
Eco, Umberto, *A Theory of Semiotics*, Bloomington-Londres, Indiana U.P., 1979.
Erasme, *Opera omnia*, Amsterdam [...], 1969– (en cours de publication).
Galand-Hallyn, Perrine, *Le Reflet des fleurs. Description et métalangage poétique d'Homère à la Renaissance*, Genève, Droz, 1994.
Glauser, Alfred, *Le Poème-symbole: De Scève à Valéry*, Paris, Nizet, 1967.
Greimas, A.-J., "Eléments pour une théorie de l'interprétation du récit mythique", *Communications* 8 (1966), pp. 28–59.
Greimas, A.-J., *Sémantique structurale*, Paris, Larousse, 1966.
Hester, Marcus B., *The Meaning of Poetic Metaphor*, La Haye, Mouton 1967.
Jakobson, Roman, *Essais de linguistique générale*, Paris, Minuit, 1963.
Lausberg, Heinrich, *Handbuch der literarischen Rhetorik*, Munich, Max Hueber Verlag, 1960.
Landheer, Ronald et Tineke Kingma-Eijgendaal, "Métaphore, ambiguïté et contexte", *Neophilologus* 65 (1981), pp. 499–517.
Le Guern, Michel, *Sémantique de la métaphore et de la métonymie*, Paris, Larousse, 1973.
Martinet, Jeanne, *Clefs pour la sémiologie*, Paris, Seghers, 1973, 1975.

Mooij, J.J.A., *A Study of Metaphor. On the nature of metaphorical expressions with special reference to their reference*, Amsterdam etc., North-Holland Publishing Company, 1976.
Nadin, Mihai, "Sur le sens de la poésie concrete", *Poétique* (1980), no. 42, pp. 250–264.
Pease, A.S., "Things without Honor", *Classical Philology* 21 (1926), pp. 27–42.
Peirce, Charles Sanders, *Collected Papers*, Harvard U.P., 1931–1935.
Peirce, Charles Sanders, *The Philosophy of Peirce. Selected Writings*, éd. Justus Buchler, New York, AMS Press, 1978.
Pernot, Laurent, *La Rhétorique de l'éloge dans le monde gréco-romain*, Paris, Institut d'Etudes Augustiniennes, 1993.
Poel, Marc van der, "*Paradoxon* et *adoxon* chez Ménandre le Rhéteur et chez les humanistes du début du XVIe siècle. A propos du *De incertitudine et vanitate scientiarum* d'Agrippa de Nettesheim", dans Ronald Landheer et Paul J. Smith (éds.), *Le Paradoxe en linguistique et en littérature*, Genève, Droz, 1996, pp. 199–220.
Rastier, François, "Systématique des isotopies", dans: A.J. Greimas (éd.), *Essais de sémiotique poétique*, Paris, Larousse, 1972, pp. 80–107.
Rastier, François, "Tropes et sémantique linguistique", *Langue Française* (1994), no. 101, pp. 80–101.
Ricoeur, Paul, *La Métaphore vive*, Paris, Seuil, 1975.
Riffaterre, Michael, *La Production du texte*, Paris, Seuil, 1979.
Riffaterre, Michael, *Semiotics of Poetry*, Sebeok, Bloomington & Londres, Indiana U.P., 1978.
Schuerewegen, Franc, "'A l'état naissant': la génétique textuelle", *Rapports-Het Franse Boek* 65 (1995), pp. 36–40.
Smith, Paul J., "Remy Belleau et la peinture: aspects du métadiscours poétique de la Pléiade", *Word & Image* 4 (1988), pp. 331–337.
Smith, Paul J., "'J'honnore le plus ceux que j'honnore le moins': paradoxe et discours chez Montaigne", dans Ronald Landheer et Paul J. Smith (éds.), *Le Paradoxe en linguistique et en littérature*, Genève, Droz, 1996, pp. 173–197.
Todorov, Tzvetan, *Théories du symbole*, Paris, Seuil, 1977.
Tomarken, Annette H., *The Smile of Truth. The French Satirical Eulogy and Its Antecedents*, Princeton U.P., 1990.
Tuțescu, Mariana, *Précis de sémantique française*, Paris, Klincksieck, 1975.
Wimsatt, jr., W.K., *The Verbal Icon. Studies in the meaning of poetry*, Londres, Methuen, 1970.

Zoest, Aart van, "Interprétation et sémiotique", dans A. Kibédi Varga (éd.), *Théorie de la littérature*, Paris, Picard, 1981, pp. 240–255.
Zoest, Aart van, "Een semiotische analyse van Morgenstern's *Fisches Nachtgesang*", *Levende Talen* (1971), no. 278, pp. 359–377.
Zoest, Aart van, *Semiotiek*, Baarn, Ambo, 1978.
Zoest, Aart van, "L'iconicité métaphorique", dans D.W.Fokkema e.a. (éd.), *Comparative Poetics*, Amsterdam-Atlanta, Rodopi, s.d., pp. 15–31.

Table des matières

Préface du directeur de la Collection 5

Abréviations 6

Ch 1: Introduction 7

Ch 2: Ponge épidictique et paradoxal 13

Ch 3: Isotopie et "amphibiguïté" 29

Ch 4: Image métaphorique et isotopie plurielle 39

Ch 5: La surdétermination ou le pouvoir générateur de la langue .. 59

Ch 6: Iconicité et motivation 69

Ch 7: Fabriquer *Le Pré*. Rhétorique et iconicité du dernier Ponge . 87

Ch 8: En guise de conclusion 113

Bibliographie 115

Table des matières 121